Advantage Programme

Notes for
Handling Typical
Intellectual Property Cases

优势方案

知识产权
典型案件
办案手记

江锋涛　张银英◎主编
恒都知识产权律师团队◎编著

法律出版社
LAW PRESS · CHINA
北京

图书在版编目（CIP）数据

优势方案：知识产权典型案件办案手记 / 江锋涛，张银英主编；恒都知识产权律师团队编著. -- 北京：法律出版社，2024. -- ISBN 978-7-5197-9440-8

Ⅰ. D923.405

中国国家版本馆 CIP 数据核字第 2024VK1128 号

优势方案

——知识产权典型案件办案手记

YOUSHI FANGAN

—ZHISHI CHANQUAN DIANXING ANJIAN BANAN SHOUJI

江锋涛　张银英 主编

恒都知识产权律师团队 编著

策划编辑 肖　越

责任编辑 肖　越

装帧设计 汪奇峰

出版发行 法律出版社

编辑统筹 法商出版分社

责任校对 王　丰　郭艳萍

责任印制 胡晓雅

经　　销 新华书店

开本 710 毫米×1000 毫米　1/16

印张 14.25　**字数** 203 千

版本 2024 年 9 月第 1 版

印次 2024 年 9 月第 1 次印刷

印刷 三河市龙大印装有限公司

地址：北京市丰台区莲花池西里 7 号（100073）

网址：www.lawpress.com.cn

投稿邮箱：info@lawpress.com.cn

举报盗版邮箱：jbwq@lawpress.com.cn

销售电话：010-83938349

客服电话：010-83938350

咨询电话：010-63939796

书号：ISBN 978-7-5197-9440-8

定价：68.00 元

凡购买本社图书，如有印装错误，我社负责退换。电话：010-83938349

序　言

我从江苏省高级人民法院退休后，有更多的机会参与知识产权业务交流活动。恒都律师事务所知识产权专业委员会主任张银英律师告诉我，恒都知识产权律师团队撰写了一本书，想请我作序。由于张银英律师毕业于北京大学电子学系，是我北大的师妹，我也就欣然作答。

当拿到《优势方案：知识产权典型案件办案手记》的书稿时，我还是很为书名里"办案手记"这几个字所吸引的。

一方面，因为我平时就非常喜欢阅读札记或手记类体裁的作品。由于行业以及个体差异，绝对大多数人对世界的认知会受到自身的很大局限，因此当某个作者愿意将阅读体会或者工作体验归纳、总结并分享出来，从某种意义上看，是读者的一种幸运，尤其是对于希望跨界了解相关行业内部运作情况者，则更有特别的价值。

另一方面，作为曾经的法官，平时更多是在法庭上跟律师打交道。而律师呈现给法官的证据材料以及诉状、书面质证意见和代理意见等基本上是律师庭外工作的结果，至于其具体形成过程法官并不了解。以往每每看到一些疑难复杂案件尤其是技术类案件，一方或双方律师向法庭提供"堆积成山"的诉讼材料，内心都很有些感慨。

在我原任职的江苏省高级人民法院于2018年7月24日审结的莱顿汽车部件（苏州）有限公司诉盖茨优霓塔传动系统（上海）有限公司等侵害发明专利权纠纷一案[①]中，莱顿苏州公司主张盖茨上海公司侵害其"具有非圆形

① 江苏省高级人民法院（2015）苏知民终字第00172号。

驱动部件的同步传动装置及其运转和构造方法”的发明专利权(专利号为ZL02823458.8号)。该案审理过程中,双方当事人提供的证据材料及书面意见堆了整整一手推车,而这个手推车平时是内勤或者书记员用来移送卷宗用的。该案主审法官审理这个案件的工作量非常大,合议庭出于同理性,自然能够体会到双方律师的工作量。因此,二审在改判莱顿苏州公司胜诉,判决盖茨上海公司赔偿莱顿苏州公司经济损失加合理开支共计10,644,033.7元,其中包括对莱顿苏州公司为本案一、二审所支出的150万元律师费用予以全部支持。“关于莱顿苏州公司为本案所支出的律师费用是否过高”的问题,二审判决书载明:“本院认为,本案系专利侵权诉讼,对从事此类诉讼的代理人及诉讼团队的专业方向具有特殊的要求。并且,本案涉及的技术问题和法律适用问题非常复杂,属于专利侵权诉讼案件中的疑难复杂案件,代理难度和工作量较大。一、二审法院为查明本案事实,听取各方诉辩意见,共组织双方质证、谈话以及开庭审理等诉讼活动共计27次,形成各类笔录479页。此外,莱顿苏州公司和盖茨上海公司双方委托诉讼代理人在一、二审诉讼中各自提交了数千页的证据材料、书面质证意见和代理意见,一审诉讼中的有效案件材料装订成册达21册。因此,依据莱顿苏州公司提交的代理合同、转账凭证,并综合案件性质、难度、代理工作量等因素,二审法院认定莱顿苏州公司主张的150万元律师费属于合理支出,予以全额支持。”

由此可见,法庭对于认真履职的律师是充分认可的,这也是恒都团队的“办案手记”能够吸引我的重要原因。虽然我不是技术背景的法官,但平时崇尚科学,对于技术类案件比较偏爱,如果能从法官视角观察并了解专利律师的代理思维及诉讼策略,于我而言颇有兴趣且很有意义。同时,相信读者对于通过阅读本书了解律师代理业务中那些“不为人知”的故事,也同样抱有某种期待。

全书分为四个部分。前三部分收集的是发明、实用新型专利纠纷案件,并按技术领域分为电学、机械和化学医药领域;第四部分收集的是外观设计专利纠纷案件。其中,不乏恒都团队代理的一些在业内颇具影响力的案件。

例如,某控股有限公司、某汽车有限公司等外观设计专利权无效案,某控股有限公司名称为“越野车(陆风 E32 车型)”的外观设计专利被宣告无效;福建法院审理的华为公司诉三星电子侵害发明专利权纠纷案中,代理华为公司获赔 8000 万元;在 2023 年“4. 26 世界知识产权日”期间,最高人民法院知识产权法庭同日分上、下午公开开庭审理某科技公司、某陶业株式会社之间涉同一“火花塞”发明专利权的专利权无效案和专利侵权案,其代理某科技公司在上述两案中赢得终审胜诉,等等。

全书收入的案例很多。由于该书体例并非案例解析,作者并不追求长篇大论,撰写风格也很简洁,但所选案例技术领域繁多,且大多数案例技术争议与法律判断复杂,其中既有代理原告胜诉的,也有代理被告胜诉的,专业含量高。在简洁文字的背后,仍可读到涉诉争议双方的激烈博弈,其中不少案件系经年诉讼、各种程序循环,直至打到最高人民法院才实现逆风翻盘,可谓风起云涌、跌宕起伏。而作者对案例关键点的复盘与总结,以及对经典案例所涉无效决定理由、法院特别是最高人民法院重要裁判理由的摘录,对于专利从业者而言,无疑具有借鉴和启示意义,同时也为读者进一步研究提供指引。全书可读性较强,特向读者分享以下三方面推荐意见。

一、律师应当选择什么样的“优势方案”?

提出这个问题,是因为本书就是以“优势方案”作为书名,而回答这个问题也许并不困难,亦即胜诉或尽量减少损失。然而前段时间,听到某位律师朋友谈到:“知识产权实务‘以打促和’确实一直是首要救济策略。”翻开本书,发现作者将恒都团队代理深圳某精密公司诉某集团的专利侵权系列案并推动双方达成全球诉讼和解作为全书的第一个案例,这说明恒都团队也是给出了相同的答案,即尽量“以打促和”,这也体现出恒都团队服务客户的基本取向。为反制美国国际贸易委员会(ICT)发起的 337 调查,在本案中,鉴于“被告系国际企业,难以锁定侵权产品的生产地”,恒都团队先是向成都市知识产权局提出专利侵权纠纷处理请求,通过行政查处获取侵权产品证据，在某集团针对涉案专利向国家知识产权局提出无效宣告请求后，又分别在上海、成都法院提起专利民事侵权诉讼。在当前激烈的市场竞争中，专利侵权诉讼与反制性专利无效程序同时进行，甚至多次提起专利无效，这是竞争对手之间专利战的常态，然而通过行政查处获取侵权产品证据，也是相当具有创意的。当然，该案最终双方达成全球和解，各自撤诉，正是恒都团队“精心筹划、寻找证据、精准打击、有序推进”的结果。正如作者在“办案手记”中称，“是以自己过硬的专业素质，为客户高度负责的工作态度，助力深圳某精密公司实现其商业目标”。显然，推进国际国内市场一体化是客户的商业目标，竞争对手之间你死我活并非现代商业文明的精髓，而力促当事人相互妥协，构建良性竞争生态，才是律师代理工作的“优势方案”，甚至是最优方案。当律师团队促成当事人最终达成全球和解，应该比个案中拿到一纸胜诉判决更加欣慰。

本书中，某工业株式会社诉某汽车股份有限公司等发明专利侵权和解案，是另一个值得关注的案例。某工业株式会社是日本知名车企，“其在中国申请并获得了多项汽车相关装置构造的发明专利授权”，而某公司则是中国最大的 SUV 制造企业，“在技术研发上坚持注重有效研发”。如此两个体量的公司之间发生专利侵权纠纷，争议之激烈是可想而知的。该案经历了专利无效阶段、管辖权异议阶段、侵权纠纷一审阶段、调解结案阶段，恒都团队结合争议焦点，“有针对性地制定诉讼方案，逐步落实诉讼策略”，体现出令人称道的专业性，尤其是在促成双方和解过程中，恒都团队认为和解或许仅限于案涉两个专利，但可借机启动双方的交叉许可谈判，达到“一揽子”解决双方潜在专利争议的目的，从而为双方最终从对簿公堂走向合作共赢打下了重要基础，完美诠释了“和解是解决诉讼的‘另一角度’”的理念。此外，在后续的规避设计分析中，恒都团队针对涉案“后车门”专利权利要求中的最关键特征，建议将参数设置成与专利具有较大差别，以降低“后车门”整个设计产品的侵权可能性。作为专利侵权案件中代理被告方的律师，除按照常规进行不侵权抗辩、现有技术抗辩、合法来源抗辩或者提起反制性专利无效程序外，能够有针对性地提出有价值的规避设计建议，也是律师专业性体现的重要方面。

当然，在专利诉讼中“以打促和”，促进争议双方“一揽子”解决争议，尤其是促成专利许可或者交叉许可，对于实现合作共赢意义重大，但也并不意味着只有一味和解才是“正道”。事实上，绝大多数包括专利纠纷在内的案件都是通过判决定纷止争的，而对于新类型、疑难复杂案件，尤其需要通过判决确定裁判规则，明确行为规范，因而促成和解与确定规则是法院案件审判的一体两面。

二、律师选择“优势方案”的背后考量是什么？

通读全书案例，管辖权异议、提起专利无效宣告已经是专利诉讼争议对抗的标配。尤其是，在专利侵权案件中，被告提出管辖权异议，除极少数案件异议成功外，绝大多数案件中异议理由很牵强，目的就是拖延诉讼，而拖延诉讼会导致司法的负面评价。不过，任何事物都有两面性，在个案中可见，被告利用管辖权异议不仅获得相应的程序利益，还最终获得实体胜诉。

在上海某电子公司诉深圳某科技公司等专利纠纷案中，恒都团队代理深圳某科技公司应对上海某电子公司提起实用新型专利侵权诉讼，“在对涉案材料进行细致、全面分析之后，将前期的应诉重点放在专利无效宣告请求上，意图通过强有力的证据和无效理由，将涉案专利的全部权利要求无效掉，从而在根本上使得上海某电子公司丧失提出本专利侵权诉讼的基础”。在提起专利无效程序的同时，恒都团队就专利侵权案件提起管辖权异议，并在一审裁定驳回异议后又提起上诉，最高人民法院作出驳回上诉的终审裁定。

本案中，深圳某科技公司、上海某电子公司为屏下指纹识别领域主要三家公司中的两家。“深圳某科技公司是全球指纹和触控SOC芯片的巨头，在屏下指纹市场占了80%的市场份额”，而上海某电子公司是一家致力于传感器(指纹和触控)SOC芯片方面研发的本土半导体厂商,发展迅猛,已经对深圳某科技公司构成一定挑战。“在2018年,双方互相发起多起专利侵权诉讼案件。深圳某科技公司起诉上海某电子公司专利侵权,6起案件合计索赔金额3.6亿元;上海某电子公司随后发起反诉,3起案件合计索赔2.4亿元,本案为上海某电子公司向深圳某科技公司发起的3起专利侵权诉讼案件之一,足见其重要性。”在如此这般专利战中,专利侵权诉讼和无效程序必然环环相扣,双方也必然是用尽程序救济。本案中,上海某电子公司的涉案实用新型专利被全部宣告无效,上海某电子公司并未就此提起行政诉讼,而受理涉案专利侵权诉讼的法院,基于该无效决定也驳回了上海某电子公司的起诉。

当然,这仅是双方专利战中的一起案件,其他案件的诉讼结果不知是否各有胜负?而本案中,被告利用管辖权异议制度“预留出相对充分的应对时间”,最终将涉案专利无效掉,实现“釜底抽薪”,结果是好的。但值得思考的是,如果专利战中任由诉讼程序循环,无疑也是增加了司法成本,这个制度如何设计更为合理也需要认真加以探究。

三、律师实现“优势方案”的基础是什么?

这个提问是前述两个问题的自然引伸。我个人觉得,优秀的专利律师应当具备以下基本特质:

首先是清晰的诉讼应对思路。通读全书,每一篇案例基本上都能看到大致如下的表述:全面分析案情,经过多次讨论,最终确定诉讼策略,并有针对性地制定诉讼方案,逐步落实诉讼策略。这应该是恒都团队的基本思路,相信也是许多律师团队的相同做法。这方面的案例很多,在此不作赘述。但从本书不少案例可见,即使是相同的应对思路和策略,律师团队是否肯积极动脑筋想办法,全力以赴,锲而不舍,最终的诉讼结果也许并不相同。例如,在镇江某机械有限公司、瑞典某公司专利民事侵权、无效宣告请求、行政诉讼系列案中,恒都团队除深入挖掘证据外,对于本案关键证据,基于涉案专利说明书附图和证据3说明书附图，制作了对应的3D模型，并对3D模型对应部分进行相同着色，从而直观地展现了涉案专利与证据3之间技术特征的对应关系；在黄山某科技有限公司诉国家知识产权局专利无效行政诉讼案中，“为了便于向合议庭更直观呈现涉案专利的技术特征与缺陷，同时提交了动画视频”；在上海某文具股份有限公司、日本某株式会社外观设计专利案中，恒都团队“在如茫茫大海般的互联网资料中，最终捞出了关键证据这一根‘针’”，最终助力上海某文具公司成功无效掉名称为“笔记本”的涉案外观专利。类似的案例还有，当然书中介绍的都是成功案例，相信还有那些不成功的案例，而其中的辛勤付出早已变成了“沉没成本”。

其次是具备技术和法律双专业背景。司法实践中，有些文科背景的法律从业者看到技术问题不自觉就会感到头大，因此有技术背景的法官审理技术类案件或者有技术背景的律师参与技术类诉讼，会具有相对优势。也许有观点认为，技术类争议解决的本质仍是法律判断，而技术事实可以通过技术调查官、专家诉讼辅助人来协助解决，况且即使有技术背景，也不可能通晓所有技术领域，因而是否具有技术背景并不重要。不过，依我个人的观察，有技术背景的法官或者律师还是具有专业优势的。因为接受过理工科专业背景的学科教育，处理与自己学科背景相关的案件会得心应手；即使跨专业，通过学习也能够比较快地熟悉和理解涉案技术领域的相关问题，因为基础科学素养非常重要。当然，热爱科学且学习和理解能力强的文科生，同样可以成为优秀从业者，这是毋庸置疑的。

此外，当事人往往本身就是案涉领域的技术专家，律师通过加强与当事人的配合，也可以迅速弥补自身专业的不足。恒都团队认为，“律师了解案件审判标准，当事人了解行业和专利技术，双方各自发挥优势，就能更好地呈现案件事实”。例如，在前述“火塞花”案中，“在涉案专利新的无效过程中，由于涉案专利采用了特定术语撰写技术特征，导致难以通过常规的检索手段查找到证据。恒都律师在与当事人沟通之后，对保护范围进行解释，并给出了证据收集建议，最后当事人在自己的图书资料室找到关键证据，促使成功无效涉案专利”。

最后是追求极致的专业精神。我从事知识产权审判工作多年，在各类知识产权案件中，还是认为专利等技术类案件的审理难度最大。因为技术类案件，不仅得准确理解涉案具体技术方案，还得准确理解与涉案技术相关的法律问题，例如专利权利要求是用语言文字描述的披着法律外衣的技术方案，而专利权利要求解释规则是一套精密的法律逻辑体系，因此在专利案件诉讼中最能体现出专利律师的专业功底。

在某电子公司、国家知识产权局（以下简称国知局）、某科技公司专利无效案中，在专利无效阶段，国知局宣告涉案专利全部无效，一审判决维持原无效决定，最高人民法院二审判决撤销一审判决和无效决定，责令国知局针对涉案专利重新作出无效决定。国知局重新成立合议组，在随后作出新的无效决定中，维持专利权全部有效。我特别注意到，在二审行政诉讼中，恒都团队主张专利权利要求 1 具备创造性，进而从属权利要求 2－7 也具备创造性，其采用了发明构思法的分析路径。关于发明构思在创造性判断中的作用，恒都团队认为，“如果把技术领域、技术问题和技术效果分别看作珠子，技术构思就是将它们穿起来的丝线。在以技术构思形成整体方案的基础上，区别特征的认定，以及区别特征在证据的基础上是否容易想到的认定，将会较为明确。具体地，如果几个技术特征在特定发明构思下相互配合，共同解决一技术问题或实现一技术效果，则其应该被视为相互协调配合的特征。而如果区别特征与证据体现的技术构思或发明构思不符，则不应轻易认定所述区别特征在该证据的基础上容易想到”。发明构思法是近年来专家高度强调且引发关注的分析框架，具体是指专利发明“从哪里来？到哪里去？怎么办？”“其意义在于，无论是专利创造性判断上，还是对充分公开、清楚支持等问题的判断上，都应当探寻专利方案的发明构思，整体把握发明本质，以平常心对权利要求作出整体、系统全面的合理解释”。[①] 发明构思法同样也适用于专利侵权判定。本案中，通过全面考察涉案专利的发明构思以准确把握发明

---

① 魏征：《权利要求解释的“平常心”——兼评（2020）最高法知行终 564 号裁判文书》，载“知产前沿”公众号 2024 年 4 月 3 日，https://mp. weixin. qq. com/s/Q_56rrWTjj1ttzp－G9－cqw。

实质，体现出恒都团队对专利法“以公开换保护”本质的深刻理解。

在徐州某设备公司诉徐州某机械公司侵害发明专利权纠纷案中，一审认定涉案专利权利要求中的“拔桩器”是功能性特征，然后以说明书和附图来解释“拔桩器”，认为“拔桩器”需要包括“销子”特征，而被诉侵权产品没有“销子”，因而不落入专利权利要求的保护范围。二审中，恒都团队代理徐州某设备公司上诉于最高人民法院，并就方法特征的技术比对、功能性特征的认定提供上诉意见，最终二审改判侵权成立，全部支持了徐州某设备公司的诉讼请求。尤其是，针对方法特征的技术比对，“最高人民法院指出，本领域普通技术人员根据权利要求的描述，并通过阅读说明书及附图，能够确定涉案专利权利要求技术方案的情况下，无须将使用状态下的被诉侵权产品与涉案专利进行比对。这对于包含方法特征的产品专利的权利人的取证与维权是有利的，也为将来类似案件的裁判提供了指引”。

综上所述，从恒都团队撰写的本书中，可以清晰看到经过长期发展，我国律师队伍已经成长出一批既有理工科专业背景又有法律专业背景，同时具有专利代理师和执业律师资格的“双证”专业人才，对于司法不断提升专利等技术类案件的审判质量发挥了重要作用。目前，恒都团体已经积累了相当多的知识产权典型案例和诉讼实务经验，本书中许多案例可见，恒都团队尽职尽责尽力，赢得了委托人的强大支持和信任，“展现出良好的证据收集能力、案件的整体把控能力、深入浅出的技术讲解能力和与审判者的沟通能力”，而这四个方面的能力，既是恒都团队对自身律师业务能力的高度概括，同时也是他们对自己持续提出的高标准要求，我非常期待他们在未来的执业生涯中保持敬畏心，专业更加精进，追求极致不断突破，为更多的经典案例贡献智慧。是为序。

江苏省高级人民法院原审判委员会委员、

知识产权庭庭长、全国审判业务专家

宋 健

2024 年 4 月 3 日于南京

目 录

电学领域

机械领域

电 学 领 域

推动全球诉讼和解的重要案件，涉及电连接器领域

——某精密工业股份有限公司与美国某公司的专利权侵权纠纷案

案件背景

某精密工业股份有限公司（以下简称某精密公司）2010年9月15日在深圳证券交易所上市，市场价值2300多亿元，是一家专注于连接器的研发、生产和销售的国家高新技术企业，产品主要应用于3C（电脑、通讯、消费电子）、汽车和通讯等领域。2020年12月18日，某精密公司受到美国某公司（全球最大的连接器制造商）投诉。美国某公司向美国国际贸易委员会（United States International Trade Commission，ITC）提出申请，称某精密公司在向美国出口和销售某些电连接器和保持架、其组件以及包含侵犯原告所声称的专利的产品时，违反了1930年《关税法》第337条。请求ITC对这些产品采取包括发布有限排除令（Limited Exclusion Order，即禁止申请书中被列名的外国侵权企业的侵权产品进入美国市场）及停止令（Cease and Desist Orders，即要求侵权企业停止侵权行为，包括停止侵权产品在美国市场上的销售、库存、宣传、广告等行为）。2021年1月21日，ITC决定对某精密公司启动"337调查"（337－TA－1241）。

恒都律师协助某精密公司在全面评估了相关产品及专利后，认为美国某公司侵犯了某精密公司关于"连接器"的中国专利，代表某精密公司在中国发起一项专利侵权行政查处请求及两项侵害发明专利权纠纷诉讼。通过有效的行政手段及诉讼手段，美国某公司在ITC法官即将听证前主动撤回了投诉，ITC终止了对某精密公司的"337调查"，双方达成全球范围内的

和解。

一、案件焦点

本系列案涉及名为“连接器”的发明专利，在专利侵权行政查处请求、侵害发明专利权纠纷诉讼过程中主要的焦点问题：

1. 如何回应，进而最终解决本次美国某公司发起的“337 调查”。

2. 如何反击，利用企业储备的专利，在国内市场打击对方。

3. 如何启动诉讼，如何获取证据，保证案件顺利立案并推进。

4. 在对方发起的无效案件中，如何维持专利有效，同时保证争取最大的保护范围。

二、案件概况

（一）案件当事人

（1）专利侵权行政查处

请求人：某精密公司

被请求人：某商用电子产品（成都）有限公司[以下简称某公司（成都）]

案件性质：专利侵权行政查处

涉案专利：ZL201911111029.6，连接器

（2）侵害发明专利权诉讼（上海）

原告：某精密公司

被告一：某东亚电子科技（深圳）有限公司[以下简称某公司（深圳）]

被告二：某上海电子有限公司（以下简称某电子公司）

案件性质：侵害发明专利权纠纷

涉案专利：ZL201911111029.6，连接器

（3）侵害发明专利权纠纷诉讼（成都）

原告：某精密公司

被告：某商用电子产品（成都）有限公司[以下简称某公司（成都）]

案件性质:侵害发明专利权纠纷

涉案专利:ZL201911111029.6,连接器

(4)专利无效宣告请求

请求人:某公司(成都)

专利权人:东莞某电子有限公司

案件性质:专利无效

涉案专利:ZL201911111029.6,连接器

(二)案件过程

本系列案件包含专利侵权行政查处案件、侵害发明专利权纠纷上海案件、侵害发明专利权纠纷成都案件、无效案件。

专利侵权行政查处案件:某精密公司基于合法有效的专利权、专利独占许可合同、备案证明及相关证据,向成都市知识产权局提出处理请求,目的在于获取证据,取得被诉侵权产品实物之后申请撤回行政处理请求。

侵害发明专利权诉讼案件:恒都律师代表某精密公司分别在上海、成都发起了侵害发明专利权纠纷诉讼,根据获取的证据,在上海案件中以某公司(深圳)、某电子公司为被告,在成都案件中以某公司(成都)为被告。

专利无效案件:作为被告,对方在国家知识产权局对涉案专利提出了无效宣告请求。

最终双方实现全球和解,各自撤诉。

(三)基本案情

2022年4月28日,恒都团队代表某精密公司向成都市知识产权局提出专利侵权纠纷处理请求,请求责令被请求人某公司(成都)立即停止侵犯名称为"连接器"(专利号为ZL201911111029.6)发明专利权的行为,目的在于通过行政查处获得侵权产品证据。

成都市知识产权局5月7日受理立案,5月20日前往被请求人处进行调查,完成抽样取证。此后,恒都团队撤回行政处理请求。

2022年5月26日,某公司(成都)针对涉案专利向国家知识产权局提出

了无效宣告请求。

2022年6月10日，恒都团队代表某精密公司在上海知识产权法院起诉某公司(深圳)和某电子公司专利侵权，某公司(深圳)制造、许诺销售、销售侵权产品，某电子公司进口、许诺销售、销售侵权产品，并提交了充分的证据。2022年9月5日，上海知识产权法院立案。

2022年6月10日，恒都团队代表某精密公司在成都市中级人民法院起诉某公司(成都)专利侵权，后者制造了侵权产品，并在网站上销售，同时向成都市中级人民法院申请调取成都市知识产权局获取的证据。

在上述案件进行的同时，某精密公司委托恒都团队代理无效案件，恒都团队与某精密公司多次沟通技术方案，并提交了权利要求修改。

最终，双方达成全球和解，各自撤诉。

三、办案手记

1. 在行政查处案件中，当地知识产权局经验有限，且被告是当地的重要企业，固定被告的专利侵权产品很困难，恒都团队与当地知识产权局多次沟通，才顺利地进行了行政查处，成功地固定了被告的侵权产品。

2. 被告系国际企业，难以锁定侵权产品的生产地，恒都团队对被告进行了大量的调查，获取到有利证据，能够锁定被告的侵权行为。

3. 专利无效案件，涉案专利技术方案复杂、权利要求结构复杂、无效证据组合复杂，恒都团队仔细分析了技术方案、无效理由与证据，与客户多次沟通，确定了最有利的权利要求修改及答辩方案。

4. 恒都团队的上述案件为企业赢得了更大的谈判空间，最终当事人双方实现了全球范围内的和解。

四、复盘与总结

(一)精心筹划，寻找证据

专利证书和授权文本及缴纳专利年费的收据，证明了专利权合法有效；

通过专利独占实施许可合同、国家知识产权局专利独占实施许可备案，证明了原告的适格性；通过购买被诉侵权产品、网络调查、实物拆解、申请行政查处等方式，取得了某公司（成都）制造、销售侵权，某公司（深圳）制造、许诺销售、销售侵权以及某电子公司进口、许诺销售、销售侵权的证据。以上证据有力地支撑了我方的请求和主张，在专利侵权行政处理请求、诉讼纠纷案中起到了重要作用。

（二）"精准打击、有序推进"，通过行政手段及诉讼手段获得有利筹码

通过购买侵权产品、拆解比对等方式，确定了侵权产品生产方为某公司（成都），进而通过行政查处的方式，固定了侵权产品。向成都市知识产权局撤回行政处理请求后，在成都市中级人民法院进行诉讼并顺利推进。在上海起诉了某公司（深圳）及某电子公司，在成都起诉了某公司（成都），两次诉讼当事人与案件事实均不相同，两个诉讼案件顺利立案。随着诉讼案件的推进，为客户与对方的谈判赢得了有利的筹码。

最终，恒都团队以自己过硬的专业素质、为客户高度负责的工作态度、严谨高效的工作作风，助力某精密公司实现商业目标。

主管权异议

——台湾某科技股份有限公司与上海某电子有限公司的专利权权属纠纷案

一、案件焦点

对于本案争议，法院是否有管辖权？台湾某科技股份有限公司（以下简称台湾某公司）的“主管权异议”能否成立？

二、案件概况

（一）案件当事人

原告：上海某电子科技股份有限公司（以下简称上海某公司）

被告：台湾某公司

案件性质：专利权权属纠纷一审

裁判文书：（2022）沪 73 知民初 617 号

涉案专利：ZL202023314109. 2，离子植入机

（二）案件过程

上海某公司在上海知识产权法院起诉台湾某公司，主张涉案专利的权属归其所有，并要求赔偿经济损失。

台湾某公司委托恒都团队代为应诉，恒都团队提出了主管权异议与管辖权异议，上海知识产权法院支持了主管权异议意见，裁定驳回上海某公司的起诉。

上海某公司未上诉,一审裁定生效。

上海某公司没有提起仲裁。恒都团队通过程序性问题,为委托人赢得了胜利。

(三)基本案情

原、被告双方曾签订《合作研发协议》,其中明确约定:“因本合同引起或者与本合同有关的任何争议、争论、分歧或索赔,包括本合同的存在、有效性、解释、履行、违约或终止,或者因本合同引起或与本合同相关的非合同义务的任何争议,应提交香港国际仲裁中心根据提交仲裁通知时有效的香港国际仲裁中心仲裁规则进行仲裁并最终解决。”

恒都团队在答辩期限内提出了主管权异议与管辖权异议。

关于主管权异议,恒都团队主张涉案专利在《合作研发协议》签订之后申请,相关的争议属于《合作研发协议》约定的“由本合同引起或者与本合同有关的争议”,应当通过仲裁解决。

关于管辖权异议,恒都团队主张即使由法院管辖,也应该由北京知识产权法院管辖。

三、办案手记

本案是半导体某细分领域头部企业之间关于某重要专利的专利权权属纠纷。最初,台湾某公司与恒都团队沟通时,关注点更多地在于实体上的双方合作研发过程和涉案技术的形成过程,恒都团队在研读案件材料之后,借助于仲裁经验敏锐地发现,双方的研发协议中约定了争议解决方式是在香港国际仲裁中心进行仲裁。于是向台湾某公司建议提起“主管权异议”,即法院对本案没有主管权,应该由仲裁机构仲裁解决争议。如果主管权异议成功,原告只能选择去香港国际仲裁中心仲裁解决纠纷,这对于原告来说诉讼成本将大大增加。

台湾某公司采纳了恒都团队的建议,决定将主管权异议作为本案的重点。

在答辩期内，恒都团队并没有按照简单主管权异议案件处理，而是梳理了当事人双方的合作背景、合作过程和专利技术的产生过程，然后分层次提交了主管权异议、管辖权异议以及相应的证据。在证据准备中，对于域外证据，加强与法院的沟通，减少当事人的证据准备负担，这也极大地提高了本案的推进速度。

根据对方的答辩意见与证据，恒都团队又补充了更为详尽的证据，不仅从形式上陈述了主管权异议的理由，还在实质上初步陈述了原告主张的不合法性和不合理性，从而确保案件结果。虽然双方的交锋仅是在管辖权异议这一程序问题上，但是在与委托人讨论、证据提交、开庭准备等过程中，恒都团队对案件实体部分均进行了深入研究。

四、(2022)沪73知民初617号裁定观点

涉案专利权在《合作研发协议》签订之后提出申请，相关的争议属于《合作研发协议》约定的“由本合同引起或者与本合同有关的争议”，应当通过仲裁解决，原告的起诉应予驳回。被告关于本案主管权的意见成立，法院予以支持。

关于原告认为涉案专利相关技术在《合作研发协议》签订前即已完成的意见，法院认为，相关技术是否在协议签订前完成属于实体审理问题，即使相关技术在协议签订前已完成，也属于“本合同有关的争议”。故对于原告的相关意见，法院不予采信。

五、复盘与总结

有时候，小小的程序性问题，却能够获得大大的胜利。本案中，如果主管权异议成功，原告只能去香港国际仲裁中心仲裁解决纠纷，这对于原告来说诉讼成本大大增加。至今原告也未提起仲裁，恒都团队通过“主管权异议”为当事人赢得了胜利。

因此，办案过程中，除了实体问题，也应该给予程序问题足够的重视。

芯片领域的系列诉讼

——深圳某科技公司与上海某电子科技有限公司的专利权侵权纠纷案

一、案件焦点

本案涉及指纹识别领域的实用新型专利，在其维权和确权过程中主要包括两个焦点问题：

1. 专利权无效宣告程序中对于权利要求保护范围的认定。

2. 专利侵权案件的管辖法院。

在无效宣告审查决定和管辖权异议裁定中，对所述的两个焦点问题给出了明确的论断，其中的理由和认定标准对相关类案具有重要的借鉴意义。

二、案件概况

（一）案件当事人

原告：上海某电子科技有限公司（以下简称某电子公司）

被告一：深圳市某科技股份有限公司（以下简称某科技公司）

被告二：上海某数码科技有限公司（以下简称某数码公司）

案件性质：实用新型专利侵权诉讼一审、实用新型专利无效

裁判文书：（2018）沪 73 民初 1040 号、无效宣告请求审查决定（第 43309 号）、（2019）最高法知民辖终 71 号

涉案专利：ZL201520753207. 6，“指纹传感电路”

（二）案件过程

本案经历了专利侵权诉讼一审阶段，在专利侵权诉讼一审阶段的过程中，还经历了管辖权异议一审阶段、管辖权异议二审阶段以及专利无效阶段。

专利侵权诉讼一审阶段：原告某电子公司将被告某科技公司以及被告某数码公司诉至上海知识产权法院，并主张禁令与赔偿。被告某数码公司主张合法来源抗辩，被告某科技公司主张现有技术抗辩以及不侵权抗辩。

管辖权异议一审阶段：被告某科技公司提出管辖权异议，主张原告提交的证据不能证明侵权行为地在上海市，本案应由被告住所地人民法院管辖，即本案应由广东省深圳市中级人民法院管辖。上海知识产权法院驳回了某科技公司提出的管辖权异议。

管辖权异议二审阶段：被告某科技公司针对驳回的管辖权异议提出上诉，主张某电子公司将某数码公司列为被告等行为属于以拉管辖的方式阻碍某科技公司住所地法院审理本案。最高人民法院驳回上诉，维持原裁定。

专利无效阶段：恒都团队仔细分析涉案专利的技术方案，并针对每条权利要求公开的内容进行充分检索，基于检索到的证据文件，提出了说明书公开不充分，权利要求缺少必要技术特征，保护范围不清楚且得不到说明书支持，不属于实用新型保护客体，不具有新颖性和创造性的无效理由。

最终，专利局复审和无效审理部作出宣告专利权全部无效的无效决定（第43309号），上海知识产权法院基于该无效决定，在专利侵权诉讼一审中裁定驳回原告某电子公司的起诉。且原告未针对该无效决定向北京知识产权法院起诉，也未针对该专利侵权诉讼一审提出上诉，专利侵权诉讼一审裁定生效。恒都律师事务所成功为某科技公司赢得了胜诉。

（三）基本案情

上海某电子公司于2018年11月22日向上海知识产权法院提起诉讼，上海知识产权法院于2018年12月13日立案受理，某电子公司起诉请求判令：（1）两被告立即停止专利侵权行为，即立即停止制造、许诺销售、销售型号为 GF3258 芯片产品的行为;(2)被告深圳某科技公司销毁所有库存侵权产品;(3)被告某科技公司赔偿原告经济损失 8000 万元,以及原告为制止侵权行为的合理开支 50 万元,合计 8050 万元;(4)两被告承担本案诉讼费用。

被告某科技公司在提交答辩状期间对管辖权提出异议,其异议理由为:(1)根据 2015 年《最高人民法院关于审理专利纠纷案件适用法律问题的若干规定》第 5 条的规定,因侵犯专利权行为提起的诉讼,由侵权行为地或者被告住所地人民法院管辖。某科技公司住所地为深圳市,本案应由深圳市中级人民法院管辖。(2)原告提交的证据不能证明侵权行为地在上海市。原告提交的证据不能证明发票中的手机型号均使用了被控侵权芯片,不能证明原告购买的手机中含有被控侵权芯片,也不能证明照片中的芯片来自其所购买的手机。综上,本案应由广东省深圳市中级人民法院管辖。

2019 年 4 月 8 日,上海知识产权法院作出(2018)沪 73 民初 1040 号民事裁定。上海知识产权法院认定,原告主张上海某数码公司实施了销售、许诺销售被控侵权产品的行为,因被告某数码公司住所地为上海市金山区,销售行为地位于上海市虹口区,均位于法院管辖区域内,法院据此对本案具有管辖权。裁定驳回某科技公司对本案管辖权提出的异议。

某科技公司不服管辖权异议一审裁定,上诉至最高人民法院,主张某电子公司已经能够明确地将被诉侵权对象指向某科技公司,其将某数码公司列为被告等行为属于以拉管辖的方式阻碍某科技公司住所地法院审理进程的手段。请求撤销原审裁定,将本案移送广东省深圳市中级人民法院审理。

2019 年 6 月 28 日,最高人民法院作出(2019)最高法知民辖终 71 号民事裁定。最高人民法院认定某电子公司对某数码公司的侵权行为已经进行了初步举证,被告某数码公司的被诉侵权行为地或者住所地法院对本案有管辖权。至于某数码公司的被诉侵权行为是否成立属于案件实体处理的问题,在管辖权异议阶段不作审查认定。被告某数码公司销售被诉侵权产品的实施地位于上海市虹口区,住所地位于上海市金山区,上海知识产权法院对本案具有管辖权。裁定驳回上诉,维持原裁定。本裁定为终审裁定。

某科技公司在提出管辖权异议的同时，于2019年1月30针对涉案专利向国家知识产权局提出无效宣告请求，于2019年2月28日提交了补充意见及补充的证据，基于提交的证据文件，提出了说明书公开不充分，权利要求缺少必要技术特征，保护范围不清楚且得不到说明书支持，不属于实用新型保护客体，不具有新颖性和创造性的无效理由。专利权人（某电子公司）分别于2019年3月18日和2019年4月30日提交了意见陈述书，认为涉案专利符合2008年《专利法》的相关规定。

合议组于2019年7月16日举行口头审理，请求人（某科技公司）当庭提交《数字电子技术基础（第四版）》一书作为公知常识性证据。

在涉案专利的无效程序中，合议组认为争议的一个焦点问题是：权利要求保护范围的认定。专利权人（某电子公司）主张：涉案专利的权利要求限定了包含冗余器件的电路结构，通过对冗余器件的选择使同一个电路结构产生三种工作模式，其对应三种传感器，而请求人提交的任何证据均未公开该技术特征。合议组认为，就涉案专利权利要求的撰写方式而言，当前的权利要求中并无法体现专利权人所述的“具有冗余器件的同一电路结构同时对应三种传感器”的技术方案，其表现出的是“同一电路结构可以用三种不同的时序信号来控制”这一技术方案，而时序信号的控制和驱动是本领域的公知常识。

合议组还认为，现有技术中已经公开了与涉案专利结构相同的电路，在电路结构相同的情况下，在面对使用同一电路满足不同需求的技术问题时，本领域技术人员能够设置电路中各个开关不同的通断状态以使采用该电路的整个指纹传感器具有不同的检测灵敏度、检测时间、抗噪能力，从而达到特定的要求。而且，现有技术不但公开了这一包含冗余部件的电路结构，还公开了这一电路结构的特定工作模式，在此种情况下，涉案专利的技术方案对于本领域技术人员而言是显而易见的，其不具备创造性。

基于此，专利局复审和无效审理部于2020年1月23日作出无效宣告请求审查决定（第43309号），宣告涉案实用新型专利权全部无效。

最终,上海知识产权法院基于该无效决定,于 2020 年 3 月 6 日在专利侵权诉讼一审中裁定驳回原告某电子公司的起诉。且原告未针对该无效决定向北京知识产权法院起诉,也未针对该专利侵权诉讼一审提出上诉,专利侵权诉讼一审裁定生效。

三、办案手记

本案被告某科技公司,原告某电子公司(已被业界领先的半导体供应商北京某创新科技股份有限公司收购)、台湾某股份有限公司,为屏下指纹识别领域最重要的三家公司,另一家公司为台湾某股份有限公司。某科技公司是全球指纹和触控 SOC 芯片的巨头,在屏下指纹市场占了 80% 的市场份额,其产品和解决方案已经广泛应用于国际国内知名品牌。某电子公司是一家致力于传感器(指纹和触控)SOC 芯片方面研发的本土半导体厂商,发展迅猛,已经对某科技公司构成一定挑战。

因此,在 2018 年,双方互相发起多起专利侵权诉讼案件。某科技公司起诉某电子公司专利侵权,6 起案件合计索赔金额 3. 6 亿元,某电子公司随后发起反诉,3 起案件合计索赔 2. 4 亿元,本案为某电子公司向某科技公司发起的 3 起专利侵权诉讼案件之一,足见其重要性。恒都律师事务所成功为某科技公司赢得本案胜诉,为某科技公司能够在与某电子公司的一系列专利侵权诉讼中占据主动,提供了保障。

恒都团队着手承办案件后,对原告某电子公司提出的证据和理由进行全面审阅,对涉案专利的技术方案进行全面分析,并与当事人积极进行案件的全面沟通,经过多次讨论,最终确定应对该专利侵权诉讼的方向性意见,包括提出管辖权异议,提出无效宣告请求,以及现有技术抗辩、不侵权抗辩两个重要的抗辩方向,并有针对性地制定应诉方案,逐步落实应诉策略。

恒都团队在对涉案材料进行细致、全面的分析之后,将前期的应诉重点放在专利无效宣告请求上,意图通过强有力的证据和无效理由,将涉案专利的全部权利要求无效掉,从而在根本上使某电子公司丧失提出专利侵权诉讼的基础。

专利无效宣告程序中，首先，恒都团队针对涉案专利提出了非三性的无效理由，包括：说明书公开不充分，权利要求缺少必要技术特征，保护范围不清楚且得不到说明书支持，不属于实用新型保护客体。使专利权人在针对这些无效理由陈述意见时，将权利要求中存在的一些不够清楚、不够明确的技术特征进行更具体的解释，使权利要求保护范围更清楚明确、更有针对性地使用相应的证据，提出新颖性和创造性的无效理由。经过专利权人对权利要求中一些技术特征的更具体的解释，也能够达到限缩权利要求保护范围的目的，从而也更有利于后续侵权诉讼中的不侵权抗辩。

同时，针对每条权利要求均提出了不具有新颖性和创造性的无效理由。为了能够尽可能地使合议组认可请求人提出的权利要求是不具有新颖性和创造性的无效理由，恒都团队仔细分析各权利要求所包含的技术特征的细节，并针对这些技术特征进行了充分的检索。在提出无效宣告请求时，提供了 3 篇证据文件，在提出补充意见时，又提供了 7 篇证据文件，于口审当庭又提交了《数字电子技术基础(第四版)》一书作为公知常识性证据。

基于提出的这些强有力的证据文件，通过证据文件的多种组合方式，在口审阶段，向合议组充分阐述了涉案专利各权利要求不具有新颖性和创造性的理由。并且，针对专利权人主张的“具有冗余器件的同一电路结构同时对应三种传感器”的技术方案，恒都团队从涉案专利权利要求的撰写方式所实际表达的含义方面进行了有力的反驳，指出权利要求实际表述的是“同一电路结构可以用三种不同的时序信号来控制”这一技术方案，使合议组接受了请求人所认定的专利权保护范围，进而为最终认定全部权利要求不具有创造性打下良好基础。

在专利无效宣告程序进行的同时，为了能够将管辖法院变更为某科技公司所在地的广东省深圳市中级人民法院，还提出了管辖权异议，并在一审裁定驳回后提出了上诉。虽然最高人民法院作出终审裁定，驳回上诉，维持原裁定，管辖法院仍为上海知识产权法院，但通过管辖权异议程序，为专利无效宣告程序,以及专利侵权诉讼中不侵权证据的搜集以及应对策略的制定,预留出相对充分的应对时间。

在专利无效宣告程序进行的同时,恒都团队基于无效宣告程序的阶段性成果,积极向上海知识产权法院提出有利于某科技公司未侵犯某电子公司专利权的主张。包括:在答辩状中对某电子公司所提供的部分证据的真实性、合法性和关联性提出质疑;提交无效宣告请求的相关文件作为证据,主张某科技公司并未侵犯某电子公司的专利权;基于无效宣告请求的相关文件,以涉案专利的权利不稳定,被依法宣告全部无效的可能性很大为理由,向上海知识产权法院提出中止审理申请。

恒都团队精心准备应诉策略、专利无效宣告请求、无效口审、管辖权异议等,最终,上海知识产权法院基于该无效决定,于 2020 年 3 月 6 日在专利侵权诉讼一审中裁定驳回原告某电子公司的起诉。且原告未针对该无效决定向北京知识产权法院起诉,也未针对该专利侵权诉讼一审提出上诉,专利侵权诉讼一审裁定生效。

四、无效宣告请求审查决定(第 43309 号)观点

关于权利要求保护范围的认定

针对涉案专利,专利权人还有以下主张:涉案专利的权利要求限定了包含冗余器件的电路结构,通过对冗余器件的选择使同一个电路结构产生三种工作模式,其对应三种传感器,而请求人提交的任何证据均未公开该技术特征。

对此,合议组认为,评价一件专利的创造性,以权利要求限定的保护范围为准。通过前面的评述可知,现有技术中已经公开了与涉案专利结构相同的电路,在电路结构相同的情况下,在面对使用同一电路满足不同需求的技术问题时,本领域技术人员能够设置电路中各个开关不同的通断状态以使采用该电路的整个指纹传感器具有不同的检测灵敏度、检测时间、抗噪能力,从而达到特定的要求。而且,现有技术不但公开了这一包含冗余部件的

电路结构,还公开了这一电路结构的特定工作模式,在此种情况下,涉案专利的技术方案对于本领域技术人员而言是显而易见的,其不具备创造性。合议组认为,就涉案专利权利要求的撰写方式而言,当前的权利要求中并无法体现专利权人所述的"具有冗余器件的同一电路结构同时对应三种传感器"的技术方案,其表现出的是"同一电路结构可以用三种不同的时序信号来控制"这一技术方案,而时序信号的控制和驱动是本领域的公知常识,从这一角度出发,涉案专利的权利要求也不具备创造性。综上所述,专利权人的主张不具有说服力,合议组不予支持。

五、(2019)最高法知民辖终71号民事裁定观点

关于专利侵权案件管辖法院的认定

最高人民法院经审查认为,本案系侵害实用新型专利权纠纷管辖权异议上诉案件。2017年《民事诉讼法》第28条规定:"因侵权行为提起的诉讼,由侵权行为地或者被告住所地人民法院管辖。"2015年《最高人民法院关于审理专利纠纷案件适用法律问题的若干规定》第5条规定:"因侵犯专利权行为提起的诉讼,由侵权行为地或者被告住所地人民法院管辖。侵权行为地包括:被诉侵犯发明、实用新型专利权的产品的制造、使用、许诺销售、销售、进口等行为的实施地;专利方法使用行为的实施地,依照该专利方法直接获得的产品的使用、许诺销售、销售、进口等行为的实施地;外观设计专利产品的制造、许诺销售、销售、进口等行为的实施地;假冒他人专利的行为实施地。上述侵权行为的侵权结果发生地。"本案中,某电子公司提交了(2018)沪浦证经字第3416号公证书、(2018)沪浦证经字第3417号公证书,其中包括涉案产品照片、发票等证据,以证明某电子公司在上海市虹口区购买了某数码公司销售的手机,并从该手机中拆解下了被诉侵权芯片产品,进而主张某数码公司实施了销售、许诺销售被诉侵权产品的行为。某电子公司对某数码公司的侵权行为已经进行了初步举证,被告某数码公司的被诉侵权行为地或者住所地法院对本案有管辖权。至于某数码公司的被诉侵权

行为是否成立属于案件实体处理的问题，在管辖权异议阶段不作审查认定。被告某数码公司销售被诉侵权产品的实施地位于上海市虹口区，住所地位于上海市金山区，根据2014年《最高人民法院关于北京、上海、广州知识产权法院案件管辖的规定》第1条第1项之规定，上海知识产权法院对本案具有管辖权。

六、(2018)沪73民初1040号民事裁定观点

在本案审理中，国家知识产权局专利局复审和无效审理部于2020年1月23日，作出第43309号无效宣告请求审查决定书，宣告涉案专利全部无效。

上海知识产权法院经审查认为，鉴于原告在本案中要求保护的涉案专利已被国家知识产权局专利局复审和无效审理部审查宣告全部无效，故根据2016年《最高人民法院关于审理侵犯专利权纠纷案件应用法律若干问题的解释(二)》第2条第1款的规定，权利人在专利侵权诉讼中主张的权利要求被原专利复审委员会宣告无效的，审理侵犯专利权纠纷案件的人民法院可以裁定驳回权利人基于该无效权利要求的起诉，法院裁定驳回原告基于已被无效的涉案专利所提起的起诉。

保全后的证据未必安全

——深圳某光电公司与深圳某科技股份有限公司之间的专利权侵权纠纷案

一、案件焦点

本案涉及可实现多种拼接方式的LED显示屏的实用新型专利，在其裁判过程中主要的焦点问题如下：

1. 本案进行比对的被诉侵权产品应如何确定；

2. 被诉侵权技术方案是否落入涉案专利权的保护范围。

在二审判决中，对于上述焦点问题给出了不同的论断，其中的理由和认定标准对相关类案具有重要的借鉴意义。

二、案件概况

（一）案件当事人

上诉人（一审原告）：深圳某光电公司（以下简称某光电公司）

被上诉人（一审被告）：深圳市某科技股份有限公司（以下简称某科技公司）

案件性质：侵害实用新型专利权纠纷二审

裁判文书：（2020）最高法知民终741号

涉案专利：ZL201720844497.4，可实现多种拼接方式的LED显示屏

（二）案件过程

本案经历了侵害实用新型专利权纠纷一审、二审阶段。

侵害实用新型专利权纠纷一审阶段：一审阶段广东省深圳市中级人民法院依据其保全的某科技公司变造后的被诉侵权产品，进而判定被诉侵权产品未落入涉案专利权利要求的保护范围，驳回某光电公司的全部诉讼请求。

最高人民法院二审判决撤销广东省深圳市中级人民法院(2019)粤03民初3847号民事判决，并判定被诉侵权产品落入涉案专利权利要求的保护范围。

(三)基本案情

2019年9月25日，一审广东省深圳市中级人民法院针对该案予以立案受理，某光电公司认为某科技公司制造、销售、许诺销售的GS-MV2.97-S LED显示屏产品(以下简称被诉侵权产品)落入某光电公司ZL201720844497.4专利权的保护范围，构成侵犯涉案专利权。

2020年1月23日，一审广东省深圳市中级人民法院作出(2019)粤03民初3847号民事判决，依据其保全的某科技公司变造后的被诉侵权产品不包含与涉案专利权利要求1所记载的“弧形锁机构包括固定连接的转块与旋钮”和“旋钮设置于所述前侧板前端外”相同或者等同的技术特征；被诉侵权产品并未侵犯涉案专利权。

某光电公司不服上述民事判决，向最高人民法院提起上诉。最高人民法院于2020年1月25日作出判决，认为某光电公司的上诉请求部分成立；认定2019年9月一审法院保全的被诉侵权产品为某科技公司变造后的产品，不应作为进行对比的产品；应当以2019年9月以前的某科技公司制造、销售、许诺销售的被诉侵权产品作为与涉案专利保护范围进行对比的产品的基础，从而最终认定某科技公司被诉侵权产品落入涉案专利的保护范围，撤销一审法院(2019)粤03民初3847号民事判决，判决被上诉人某科技公司赔偿上诉人经济损失以及合理支出共计50万元。

三、办案手记

恒都律师事务所接受客户委托后，根据客户需求以及结合涉案专利所属技术领域组成了专业的律师团队,全面分析一审程序全部材料,经过多次讨论,最终确定二审诉讼的方向性意见:包括进行比对的被诉侵权产品应以某科技公司未变造前的产品为基础,一审法院法律适用错误,对涉案专利权利要求技术特征划分错误,一审法院技术特征比对存在错误,被诉侵权产品落入涉案专利权利要求的保护范围等理由并有针对性地制定诉讼方案,逐步落实诉讼策略。

一审程序中,一审法院未采纳某光电公司认为进行比对的被诉侵权产品为某科技公司变造后的产品的抗辩意见,而以其保全的变造后的被诉侵权产品认定不包含与涉案专利权利要求1所记载的"弧形锁机构包括固定连接的转块与旋钮"和"旋钮设置于所述前侧板前端外"相同或者等同的技术特征;被诉侵权产品未落入涉案专利权利要求的保护范围。为了推翻一审法院的判决认定,恒都团队梳理分析已有的一审判决所依据的证据,另外收集某科技公司制造、销售以及许诺销售变造前的被诉侵权产品证据,并同已有证据再次整合分类进而形成完整的证据链,证明某科技公司违反诚实信用原则,在一审法院证据保全时向法院提交了经过变造的被诉侵权产品。同时,对涉案专利权利要求技术特征的分解、保护范围的确定、涉案专利与被诉侵权产品对比中存在的问题,进行了分析讨论。依据相关法律法规以及专利审查指南的规定,让法官更直观地理解了涉案专利的技术方案和被诉侵权产品落入涉案专利保护范围的事实,最终合议庭支持了恒都团队的观点。

恒都团队对诉讼策略的制定、诉讼文件的撰写、开庭准备等环节进行了精心的准备。最终,二审判决全面支持了办案律师的代理意见。认定被诉侵权产品落入涉案专利权利要求的保护范围,一审法院判决认定事实有误,应予以撤销。

四、(2020)最高法知民终741号判决观点

最高人民法院二审判决主要观点如下。

(一)关于本案的被诉侵权产品应如何确定

首先,2018年7月23日,根据某光电公司的申请,行政单位对某科技公

司所在厂房进行了现场勘验检查,并拍摄被诉侵权产品的照片,可见被诉侵权产品弧形波轮锁部件的特征。其次,2019 年 9 月 11 日,某光电公司提供的公证书中,反映了某科技公司当时公司网站上宣传的被诉侵权产品的图片,其中弧形波轮锁部件的细部特征与上述行政查处中拍摄的被诉侵权产品的对应部件特征相同。再次,二审期间某光电公司提交的新证据网页快照公证书也反映,在 2019 年 9 月上旬,某科技公司网站上宣传的被诉侵权产品的弧形波轮锁部件的细部特征与上述两份公证书证实的弧形波轮锁部件的特征一致。最后,某科技公司也自认,其在 2019 年 9 月曾对被诉侵权产品的弧形波轮锁部件进行了升级改造,在庭审中进行技术比对的实物是升级改造后的产品。虽然某科技公司认为,公证书中的产品图片仅为宣传图片,并不代表实物的具体特征,不能据以作为侵权比对的基础,但通常情况下,公司官方网站上所宣传的产品图片,与其实际制造、销售的产品应当相符,且结合行政查处过程中,拍摄的改造前的被诉侵权产品的照片,证明了某科技公司在行政查处时的产品构造与公证书证实的某科技公司官方网站上所宣传的产品图片一致。某科技公司承认对被诉侵权产品争议部件进行过升级改造,如果否认其官方网站上的被诉侵权产品的宣传图片与其实际制造、销售的实物不符,应当承担相应的举证责任。某科技公司仅以网站宣传图片并非实物为由,否认升级改造前被诉侵权产品的结构特征,法院难以支持。因此,某光电公司提交的在案证据已经符合优势证据判断标准,足以认定本案的被诉侵权产品包含 2019 年 9 月之前制造、销售的产品及 2019 年 9 月升级改造后制造销售的产品两种类型。故法院将上述两种类型的被诉侵权产品分别与涉案专利权利要求 1 所记载的全部技术特征进行比对,以确认是否落入涉案专利权利要求的保护范围,构成专利侵权。

(二)被诉侵权技术方案是否落入涉案专利权的保护范围

首先,关于升级改造前的被诉侵权技术方案是否具有“旋钮”特征。经查看相关产品图片,可见被诉侵权产品中的弧形波轮锁部件中,包含一彩色波轮盘，该彩色波轮盘设置在前侧板前端外，外侧有凸起，彩色波轮盘外覆有盖板，该盖板在左右两侧均有开口，可实现拨动、旋转，且该彩色波轮盘与转块系通过转轴连接，由此可推断，拨动、旋转彩色波轮盘即可带动转块转动，使转块的倾斜角度不同的斜板与相邻框架的斜向凸台配合以调整框架的拼接角度，以实现LED显示屏的多角度拼接方式。由此可见，升级改造前的被诉侵权产品具有与涉案专利权利要求1相同的"旋钮"技术特征，并同时具有"所述旋钮设置于所述前侧板前端外"的技术特征。因此，升级改造前的被诉侵权产品的技术方案落入涉案专利权利要求1的保护范围。

其次，关于2019年9月升级改造后的被诉侵权技术方案是否具有"旋钮"特征。经原审庭审比对可知，升级改造后的被诉侵权产品中，某光电公司主张与"旋钮"构成相同或者等同技术特征的彩色波轮盘被黑色盖板完全覆盖，且盖板与前侧板通过螺丝连接，无法直接接触操作，升级改造后的被诉侵权产品仅能通过拨动转块实现两框架之间角度的调节，缺少可以直接施加外力旋转并带动转块转动的部件，因而并不具有"旋钮"这一技术特征且升级改造后的被诉侵权技术方案采取直接拨动转块的方式调节角度，与涉案专利权利要求1通过扭动"旋钮"带动转块转动以调节角度的方式，亦不属于用基本相同的手段，实现基本相同的功能，达到基本相同的效果，且本领域普通技术人员无须经过创造性劳动就能联想到的等同技术特征。鉴于被诉产品不具有"旋钮"这一技术特征，则亦相应不具有"旋钮设置于所述前侧板前端外"的技术特征，故未落入涉案专利权利要求1的保护范围。

五、复盘与总结

在侵害实用新型专利权纠纷中，取得侵权方制造、销售、许诺销售的被诉侵权产品是与涉案专利权利要求进行对比的重要基础，也是判断被诉侵权产品是否落入涉案专利权利要求保护范围的重要手段。本案一审阶段，一审法院仅依据其保全的证据作为对比的基础，而忽略了其保全的实物证据存在被侵权方进行改造的风险，另外，未结合专利权人采集的变造前的被诉侵权产品的相关证据，从而导致事实认定错误。

证据保全是指在证据可能灭失或以后难以取得的情况下，人民法院根据当事人的请求或者依照职权采取一定措施加以确定的制度，相较当事人自行申请其他形式的证据保全更具公信力。但是保全的证据有可能是变造后的产品，而非被诉侵权产品，也应结合其他证据进行综合判断，经过质证后方可作为裁判的依据。恒都团队通过结合已有证据，并另外重新采集相关证据，对相关证据进行整理分类并与一审保全证据进行差异化对比分析、突出重点内容等，让审判者在短时间内快速了解我们的代理意见，实现了良好的庭审效果。同时，也提醒专利权人，在进行证据保全过程中，需对被保全的证据是否经过变造进行判断分析。

IPO路上的专利侵权诉讼

——某机电公司与河南某电子股份有限公司之间的专利权侵权纠纷案

一、案件焦点

本案涉及智能手机自动变焦摄像头零部件的发明专利，在案件办理过程中主要包括三个焦点问题：

1. 专利权人在专利无效程序中对权利要求的解释陈述，是否必然构成对权利要求保护范围的限制，并进一步成为专利权得以维持的依据；

2. 权利要求中记载的对功能或效果进行限定的技术特征是否必然属于功能性特征；

3. 提供专门用于实施组件、整机产品权利要求所保护的技术方案所需的零部件的，是否构成帮助侵权。

在一审判决中，对所述的三个焦点问题给出了具体的论断，其中的理由和认定标准对相关类案具有重要的借鉴意义。

二、案件概况

（一）案件当事人

原告：浙江某电机有限公司（以下简称某电机公司）

被告一：河南某电子股份有限公司（以下简称某电子公司）

被告二：厦门市某贸易有限公司（以下简称某贸易公司）

案件性质：侵害发明专利权民事纠纷一审

裁判文书:(2020)闽02民初274号

涉案专利:ZL201210189525.5,透镜驱动装置、自动对焦照相机及附带照相机的移动终端

(二)案件过程

本案经历了专利侵权诉讼一审阶段、专利侵权诉讼二审阶段。

专利侵权诉讼一审阶段:根据原告提交的证据,法院认定:被告生产销售的被诉透镜驱动装置产品落入涉案专利权利要求1和3的保护范围;该被诉透镜驱动装置产品属于专门用于实施涉案专利权利要求6和7要求保护技术方案的零部件。

厦门市中级人民法院一审判决认定两被告构成侵犯原告的发明专利权,判决某电子公司停止侵权并向原告赔偿损失,某电子公司与某贸易公司连带承担原告维权费用。

专利侵权诉讼二审阶段:二审过程中,双方达成和解,原告撤回起诉。

(三)基本案情

2020年初,原告经调查发现,被告一制造、销售、许诺销售了侵犯原告专利权的透镜驱动装置(又名马达、电机),广东某移动通信有限公司使用了该透镜驱动装置来制造手机,并销售、许诺销售了该手机,被告二销售了某通信公司的手机。因此两被告未经原告许可,以生产经营为目的,实施了原告的专利,侵犯了原告的专利权。原告遂将两被告诉至厦门市中级人民法院,提交了证明两被告存在侵权行为并给原告带来巨大损失的大量证据,请求法院判令被告一立即停止侵权行为、赔偿原告经济损失3000万元,被告一和被告二承担原告合理维权费用30万元及两被告承担案件全部诉讼费。

2020年3月25日,厦门市中级人民法院立案,两被告认为均不存在原告诉称的侵权行为,并提交了证明不存在侵权行为的相关证据,请求法院驳回原告的全部诉讼请求。

案件审理过程中,被告一辩称被诉侵权产品不具有“在底座上,形成有与环口的外周侧壁的整个内周面相对向的突出壁,据此,透镜驱动装置外部

的异物即便进入底座与环口相结合的部分，由于突出壁的作用会遮挡住异物，所以，能防止异物从透镜驱动装置的外部向内部侵入”“弹簧全部位于突出壁内侧”的技术特征，不落入涉案专利权利要求1的保护范围。某电机公司的诉讼请求不能成立，应依法予以驳回。被告二辩称被诉侵权产品未落入涉案专利权的保护范围，采用被诉侵权产品的某型号手机来源于广东某移动通信有限公司，有合法来源，某贸易公司作为销售商不应承担责任。某电机公司主张某贸易公司与某电子公司承担30万元合理费用及全部诉讼费不能成立，应依法予以驳回。

首先，对于权利要求1的保护范围的确定。厦门市中级人民法院认为，不应以涉案专利技术特征中含有对相关结构特征的功能或效果的描述，进而认定，应以涉案专利说明书中的实施例、附图来限定底座与环口的结合方式，或者以某电机公司在专利无效程序中对底座与环口的结合方式的陈述，认定该陈述导致对底座与环口结合方式的技术方案的限缩及权利要求1限定的是弹簧不得穿出突出壁，从而认定权利要求1文字记载的保护范围清楚。其次，对于被诉侵权产品是否落入权利要求1的保护范围：就被诉侵权技术方案而言，虽然在底座的4个角部有一部分弹簧位于突出壁的上方，但该部分弹簧没有穿过突出壁，未突出至外部，不会破坏突出壁整体的连续性，被诉侵权技术方案还具备权利要求1限定的技术特征“在底座上，形成有与环口的外周侧壁的内周面相对向的突出壁，据此，透镜驱动装置外部的异物即便进入底座与环口相结合的部分，由于突出壁的作用会遮挡住，所以，能防止异物从透镜驱动装置的外部向内部侵入”，因而被诉侵权产品关于弹簧及突出壁的技术特征落入权利要求1的保护范围，其余技术特征也均落入权利要求1的保护范围。此外，涉案侵权产品还落入涉案专利权利要求3的保护范围。虽然涉案侵权产品与权利要求6和7保护的主题不同，但属于专门用于实施涉案专利权利要求6和7要求保护技术方案的零部件，被告一提供涉案侵权产品属于帮助侵权。因此，两被告构成侵权。

对于两被告应如何承担民事责任，法院判令被告一停止侵权，酌定被告一向原告赔偿100万元,两被告连带承担原告的维权开支22万余元。

针对一审判决,被告一不服,向最高人民法院提起上诉,二审程序中,双方达成和解。

三、办案手记

在接受当事人委托后,恒都团队全面分析本次专利侵权维权案件的案情,经过多次讨论,最终确定诉讼策略,包括涉案专利权的选择与稳定性分析、涉案侵权产品的取证公证、有关赔偿额确定的证据的取证、管辖法院的选择、被告主体的选择等事项,并有针对性地制定诉讼方案,逐步落实诉讼策略。

(一)对争议问题锲而不舍地努力和寻找证据

为了证明涉诉侵权产品明确构成侵权,恒都团队指导当事人排除万难,进行了大量且充分的调查取证,尽最大可能做到证据确实且充分、证据链条环环相扣、证据之间相互印证,力求提高证明标准,不仅要达到"高度盖然"标准,更要努力达到"排除合理怀疑"的标准,最大限度地压缩法官的主观判断。

具体地,在本案一审程序当中,原告对于两被告是否生产销售涉案侵权产品、涉案侵权产品是否落入涉案专利权的保护范围及赔偿额的确定,提交了大量证据。

首先,为了证明两被告生产销售了涉案侵权产品,及涉案侵权产品落入涉案专利权的保护范围,原告提交了(2019)厦鹭证内字第19247号公证书和某电子公司产品说明书。第19247号公证书完整且详细地记录了从购机、拆解手机、拆解摄像头零部件的全部过程,充分证明被告一生产销售了被诉侵权产品,且被告二销售的手机安装有被告一生产的被诉侵权产品。某电子公司产品说明书详细记载了被诉侵权产品的制造主体、详细结构等,也证明了被告一生产了被诉侵权产品。(2019)厦鹭证内字第19247号公证书和某电子公司产品说明书两项证据相互印证补强,这为法官认定涉案侵权产品落入涉案专利权保护范围提供了强有力的事实依据。

其次，对于如何确定赔偿额的证据，原告不放弃一切可能性，锲而不舍地搜集了大量证据。具体地，恒都团队指导原告调查搜集了京东、天猫、苏宁易购等电商平台上关于涉案侵权产品的价格、销量数据，还搜集了某电子公司2020年IPO招股说明书，以证明被告一大量销售涉案侵权产品，给原告造成的经济损失至少达到3000万元人民币。虽然上述证据的证明目的并未被法庭完全采纳，但是为法庭确定赔偿额提供了重要参考，极大影响了法官心证，按照2008年《专利法》中有关赔偿额的规定，适用顶格法定赔偿额100万元人民币。

(二)尽力向法庭阐明案件事实，争取应得的利益

首先，权利要求中记载的对功能或效果进行限定的技术特征并不必然属于功能性特征。若权利要求不仅记载了对功能或效果进行限定的技术特征，还明确或隐含记载了与之相对应的结构限定、关系限定等技术特征，可以认定对功能或效果进行限定的技术特征不属于功能性特征。

具体到本案中，权利要求1中不仅记载了“据此，透镜驱动装置的外部的异物即便进入底座与环口相结合的部分，由于突出壁的作用也会被遮挡住，所以，能起到防止异物从透镜驱动装置的外部向内部侵入”的技术效果，还记载了与之对应的“在底座上，形成有与环口的外周侧壁的内周面相对向的突出壁”的具体结构技术特征。因此，权利要求1中记载的技术效果限定并不属于功能性特征。

其次，对于原告在专利无效程序当中的陈述及第46077号无效决定，恒都团队经过仔细研究，发现无效程序当中的陈述和无效决定记载的内容并不构成对涉案专利权利要求1保护范围的限定。在专利无效宣告程序中，若陈述是由专利权人为解释说明权利要求保护的技术方案而作出的，且该陈述未成为专利权得以维持的依据，则判断主体不宜将该陈述作为对权利要求保护范围的限制。

此外，为了向法庭清楚地说明上述事项，除了使用清晰简要的文字说

明，恒都团队还将权利要求 1 的技术方案、涉案侵权产品的技术方案及无效决定使用的证据 1 的技术方案等价转换为多幅示意图，方便法庭正确理解涉案专利权利要求 1 的技术方案。法庭也据此更加清楚地明确了权利要求 1 的保护范围，并认定权利要求 1 的保护范围清楚，可以用于侵权比对。

（三）做好庭审准备，为法官提供庭审便利

在 2021 年 2 月 7 日庭审中，为方便法庭理解争议焦点和我方观点，恒都团队通过演示文稿和图像，直观地向法庭展现涉案侵权产品与权利要求 1 的比对关系，通过比对，可以证明涉案侵权产品落入权利要求 1 的保护范围，从而使审判者在短时间内快速了解我方的代理意见，实现了良好的庭审效果。

（四）妥善处理案件纠纷事项，为当事人赢得最大的商业利益

在得到胜诉的一审判决后，对方不服一审判决提出上诉。在二审程序中，原告某电机公司放大格局、顾全民族企业的总体利益并兼顾和谐的营商环境，主动与对方讲和，对方也为某电机公司的真心诚意打动，双方当事人达成和解，某电机公司撤诉，实现了真正的案结事了。

由于对方某电子公司在一审判决中被认定产品构成侵权，其上市申请受到推迟，从而平衡了各方的商业利益。

手机领域的高判赔额案件

——某终端有限公司与韩国某投资有限公司之间的系列发明专利权侵权纠纷案

一、案件焦点

本案涉及组件显示处理方法和用户设备的发明专利,在其裁判过程中主要的焦点问题包括:

1. 被诉侵权产品是否落入涉案专利权的保护范围;
2. 被告的现有技术及抵触申请抗辩是否成立;
3. 若侵权成立,五被告的具体责任承担方式及赔偿额如何确定;
4. 原告是否存在诉讼请求不明确或者变更诉讼请求的情况。

二、案件概况

(一)案件当事人

上诉人(一审原告):某终端有限公司(以下简称某终端公司)

上诉人(一审被告):惠州某电子有限公司(以下简称某电子公司)

上诉人(一审被告):天津某通信技术有限公司(以下简称某通信公司)

上诉人(一审被告):韩国某投资有限公司(以下简称韩国某公司)

被上诉人(一审被告):福建泉州市某电讯有限公司(以下简称某电讯公司)

被上诉人(一审被告):泉州某电器有限公司(以下简称某电器公司)

案件性质:侵害发明专利权纠纷二审

裁判文书:(2017)闽民终 501 号

涉案专利:ZL201010104157.0,组件显示处理方法和终端设备

(二)案件过程

本案经历了侵害发明专利权纠纷一审、二审阶段。

侵害发明专利权纠纷一审阶段:一审阶段福建省泉州市中级人民法院通过对比被诉侵权产品和涉案专利权利要求的技术特征,依据相关证据,判定被诉侵权产品落入涉案专利权利要求的保护范围,被告抗辩理由不成立,依法确定侵权赔偿数额,要求被告停止侵害、赔偿损失。支持某终端公司的全部诉讼请求。

侵害发明专利权纠纷二审阶段:福建省高级人民法院二审进一步明确了涉案专利的有关权利要求、进行了技术比对,依据相关证据和法律法规,认定被告抗辩理由不成立,明确侵权主体、侵权责任及其承担方式,最终支持原审原告上诉请求,驳回原审被告上诉请求,维持一审(2016)闽 05 民初 725 号判决二、三、四项。

(三)基本案情

2016 年 6 月 27 日,一审福建省泉州市中级人民法院针对该案予以立案受理,某终端公司认为五被告制造、使用、销售、许诺销售的 SM—A5100、SM—A7108、SM—5108、SM—7355C、SM—T550、SM—N9200、SM—A7100、SM—G9280、SM—J5108、SM—A8000、SM—T810、SM—G9250、SM—A9000、SM—T715C、SM—J5008、SM—J7008、SM—G9200、SM—C5000、SM—C7000、SM—A9100、SM—G9300、SM—G9350 搭载涉案专利技术方案的移动终端(以下简称被诉侵权产品)落入某终端公司 ZL201010104157.0 专利权的保护范围,构成侵犯涉案专利权,请求被告停止侵害并支付相关费用。

2017 年 3 月 29 日,一审福建省泉州市中级人民法院作出(2016)闽 05 民初 725 号民事判决,对比被诉侵权技术方案和涉案专利权利要求的技术特征,认为被告辩称的现有技术或抵触申请所提供的证据材料中,未有一项

现有技术或抵触申请可以揭示上述被诉侵权技术方案的全部技术特征，进而认定被诉侵权产品确系侵犯涉案专利权，支持了原告某终端公司的全部诉讼请求。

一审原告、被告均对上述民事判决有异议，向福建省高级人民法院提起上诉。福建省高级人民法院于 2017 年 12 月 22 日作出判决，认为某终端公司的上诉请求成立；对某电子公司、某通信公司、韩国某公司的上诉请求不予支持。二审法院对有关权利要求“获取组件处于待处理状态的指示消息”“容器”“所述屏幕显示的内容”作出解释；认定 SM – J7108 经过一审演示，具有涉案专利权利要求 1、4、5、6、9、12、13、14 的技术特征；就责任和程序问题进行了讨论。最终判决被诉侵权产品落入涉案专利的保护范围，解决了责任的承担问题和程序上的疑议，依法支持原审原告上诉请求，驳回原审被告上诉请求，维持一审(2016)闽 05 民初 725 号判决二、三、四项。

三、办案手记

恒都律师事务所接受客户委托后，根据客户需求和涉案专利所属技术领域，组成了专业的律师团队全面分析全部涉案材料，经过多次讨论，最终确定管辖权的选择及相关诉讼策略：包括通过将权利要求的技术特征与被诉侵权产品进行比对，以证明被诉侵权产品落入涉案专利权利要求的保护范围；积极举证，以数据说明被告侵权所得利益等方式，有针对性地制定诉讼方案，以期最大限度地保护当事人的合法权益。

某终端公司于 2016 年 6 月 27 日向泉州市中级人民法院起诉某电子公司等被告侵犯其 ZL201010104157.0 号发明专利权。本案案情复杂，双方当事人均为世界通讯设备巨头公司，诉讼过程中均向法院提交了大量证据证明诉求或反驳对方观点。对于某终端公司主张的 8 项权利要求，被告分别进行了不侵权抗辩、现有技术及抵触申请抗辩，对某终端公司请求赔偿数额予以反驳等。本案代理律师充分透彻研究案情和证据，进行详细技术特征对比，庭审中充分证明被告侵害涉案专利并有利驳斥对方观点。在侵权损害赔偿数额方面，通过积极举证完成了侵权人所获利益的证明责任，逼迫对方进行进一步的证据开示，最后由于被告怠于举证而承担了证明责任的不利后果。

恒都团队对诉讼策略的制定、诉讼文件的撰写、开庭等多个环节进行了精心的准备，最终，本案一审、二审均胜诉，法庭全面支持了办案律师前述的观点。认定被诉侵权产品落入涉案专利权利要求的保护范围，法院全额支持了 8000 万元的赔偿请求。

四、(2017)闽民终 501 号判决观点

福建省高级人民法院二审判决主要亮点如下。

(一)对涉案专利相关争议技术特征的解读，决定了对权利要求的解释及侵权比对的结论

1. 对“获取组件处于待处理状态的指示消息”的理解

恒都团队主张，根据涉案专利说明书的记载，当需要移动放置在容器显示在屏幕上的显示区域内的一个组件或几个组件时，用户可以将这一个组件或几个组件的状态触发为可处理模式，涉案专利是为了解决由于用户不了解手机的特点无法正确对组件进行操作这一问题提出的组件显示处理的技术方案，因此“待处理状态”的含义是清楚的，指可被移动、被删除的状态。该主张得到了二审法院的支持。

某电子公司、某通信公司有关该技术特征应解释为“组件首先被触发进入待处理状态，然后才产生指示消息”、韩国某公司有关该指示消息应当解释为“组件已处于待处理状态的告知消息”等上诉意见，不符合说明书的记载，二审法院不予支持。

2. 对“容器”的理解

恒都团队主张，涉案专利说明书记载，容器的尺寸一般来说是适应 UE 的显示屏幕或者大于 UE 显示屏的尺寸的，相应地，容器可以分为显示区域和隐藏区域。在 UE 显示屏中只能显示容器中众多组件中的一部分组件，其余组件则放置在容器的隐藏区域中，可见，容器的含义、尺寸均是清楚的。

该主张得到了二审法院的支持。至于容器是整个屏幕还是其中一部分、隐藏区域的数量等,涉案专利并没有限制,韩国某公司有关容器尺寸如何界定、隐藏区域数量是一个还是可以有多个等容器含义不清楚的上诉意见,二审法院不予支持。

3. 对“所述屏幕显示的内容”的理解

恒都团队主张,涉案专利说明书记载,容器显示在屏幕上的显示区域和未显示在屏幕上的隐藏区域处于同一平面上。因此,当组件被移动到缩小的显示区域与屏幕显示的隐藏区域的交界时,屏幕显示的内容可以采用平移方式切换成整个屏幕全部显示隐藏区域,从而使组件被移动到容器的隐藏区域中,由此可见,“所述屏幕显示的内容”即所述屏幕显示的容器的内容,该主张得到二审法院支持。某通信公司有关“所述屏幕显示的内容”应当理解为“整个屏幕显示的内容”的上诉主张,与说明书记载的内容不符,二审法院不予支持。

(二)关于侵权主体

恒都团队主张,被诉侵权产品中有获取模块、处理模块等相应的模块,某电子公司、某通信公司制造设置有相应模块的移动终端的行为,属于制造侵权产品的行为。本案中,根据一审庭审演示,被诉侵权产品经开机初始设置后显示第一页面,滑动后显示第二页面,长按图标后页面缩小并在右侧露出隐藏页面的一部分,可以将图标移动至隐藏页面。用户通过开机初始设置、滑动、长按等操作可以实现上述效果,则某电子公司、某通信公司预先已将涉案专利所采用的技术方案以相应的软件命令的形式固化在模块中,这种行为属于使用专利方法的行为。该主张得到了二审法院的支持。而某电子公司、某通信公司关于需要依赖用户的长按等操作行为才能完成侵权行为的主张,二审法院不予支持。

(三)关于某终端公司高达 8000 万元的赔偿主张是否合理的问题

恒都团队主张,某终端公司提供了作为全球性的数据提供商的 IDC 公司的数据,有一定的可信度和参考价值。在某通信公司没有提供相反证据的情况下,仅以某终端公司提供的数据系个人账户登录后下载故不具有真实性的抗辩意见,没有任何事实和法律依据。

关于涉案专利的贡献度问题,恒都团队主张,基于操作简便、交互方式友好的图形操作界面在增强用户黏性、提升品牌认可度、增加产品销售额等方面的作用,可以认定图形操作界面对智能移动终端产品的利润具有实质性贡献。另外,涉案专利申请日为 2010 年 1 月 28 日,此时智能手机尚未普遍推广,用户还不熟悉多屏桌面,涉案专利创造性地提出了长按组件缩小页面的方案,启发性地引导消费者熟悉并充分使用多屏桌面,且该操作简便,涉案专利具有较高创造力、对移动终端智能化具有巨大推动力,该主张得到二审法院支持。而根据相关证据可以得出,某公司的侵权获利远高于某终端公司的诉讼请求,法院全额支持了某终端公司 8000 万元的诉讼请求。

五、复盘与总结

《民法典》侵权责任编调整"因侵害民事权益而产生的民事关系",兼具补偿、预防和惩罚功能,旨在充分填补受害人的损害,遏制侵权行为。在知识产权领域中,侵害发明专利权是最常见的侵权手段之一,这就需要律师在明晰专利权利保护范围的同时,及时搜集相关证据以帮助法院判明侵权责任的大小和承担方式。本案中,法院全额支持了某终端公司关于 8000 万元赔偿额的诉讼请求,恒都团队成功代理本案为在当前司法机关努力加强知识产权保护的大背景下,律师如何通过挖掘请求人的侵权获利证据来获得法院的高额判赔,做出了成功的探索。同时,也提醒专利权人,在案件审理过程中,尽可能多地提供有效合法的证据,主张自己的权利。

创造性判断的“三步法”

——无锡某焊接设备有限公司的发明专利权无效行政诉讼逆胜案

一、案件焦点

本案涉及焊接设备的发明专利,在其确权过程中主要包括以下焦点问题:

1. 最接近现有技术声称要解决的技术问题与涉案专利不同,能否给出技术启示。

2. 根据区别技术特征如何确定发明实际解决的技术问题。

在无效判决、一审判决和二审判决中,对上述焦点问题进行了详细的论述,其中的理由和认定标准对相关类案件具有重要的借鉴意义。

二、案件概况

(一)案件信息

上诉人(一审第三人、无效宣告请求人):无锡某焊接设备有限公司(以下简称某焊接设备公司)

上诉人(一审被告):国家知识产权局

被上诉人(一审原告、专利权人):广州某智能装备股份有限公司(以下简称某智能装备公司)

案件性质:发明专利无效行政诉讼二审

裁判文书:(2023)最高法知行终 114 号

涉案专利:201110287130.4,名称为"中压电容储能焊机"

(二)案件过程

本案经历了专利无效阶段、专利无效行政诉讼一审阶段、专利无效行政诉讼二审阶段。

专利无效阶段:恒都团队在充分检索的基础上,选取了证据1—14,针对涉案专利提出无效宣告请求,国家知识产权局作出无效宣告请求审查决定,认为权利要求1—6不具备《专利法》第22条第3款规定的创造性,宣告专利权全部无效。

专利无效行政诉讼一审阶段:某智能装备公司不服,向一审法院提起诉讼。一审法院作出行政判决:撤销国家知识产权局的无效决定,由国家知识产权局重新作出审查决定。

专利无效行政诉讼二审阶段:面对一审不利的结果,恒都团队认真分析一审判决的观点,针对性地逐一提出应对观点,最高人民法院最终判决撤销北京知识产权法院(2021)京73行初9928号行政判决,驳回某智能装备公司的诉讼请求。恒都团队赢得了二审胜诉。

(三)基本案情

2020年8月4日,某焊接设备公司采用证据1—14,以涉案专利权利要求1—6不清楚及不具备创造性的理由,请求国家知识产权局宣告涉案专利全部无效。

2021年2月19日,国家知识产权局经过审理发出第48368号无效宣告请求审查决定书,认定涉案专利的权利要求1相比于证据11、证据4及本领域公知常识的结合不具备《专利法》第22条第3款规定的创造性,权利要求2—6的附加技术特征已被证据1或者证据5或者证据11公开,因此不具备《专利法》第22条第3款规定的创造性。基于以上理由,国家知识产权局宣告涉案专利全部无效。

某智能装备公司不服上述无效决定,向一审法院提起行政诉讼。一审法院于2022年6月21日作出判决,认为被诉决定对涉案专利权利要求1的创造性问题认定有误,故被诉决定主要证据不足,适用法律有误。判决撤销无效决定,由国家知识产权局重新作出审查决定。

针对一审判决,无效请求人以及国家知识产权局均不服,向最高人民法院提起上诉。

三、办案手记

恒都律师事务所接到某焊接设备公司的委托,针对涉案专利提起无效宣告请求,并代理了行政诉讼一审和行政诉讼二审。

由于被专利权人采取行政执法途径维权,认为某焊接设备公司侵犯其专利权,如不能成功无效该专利,则某焊接设备公司的产品将面临市场禁令。

在无效阶段,恒都团队深入分析涉案专利技术方案并对现有技术进行全面检索,最终采用14篇现有技术及多种证据组合方式,针对涉案专利提起无效,最终国家知识产权局宣告涉案专利全部无效。

在专利无效行政诉讼一审阶段,恒都团队仔细研究涉案专利和证据的技术方案,针对原告主张的理由,逐一进行反驳,无奈未能获得一审法院的支持。

在二审阶段,恒都团队进一步梳理一审判决的逻辑,有针对性地深入研究涉案专利和证据的技术原理,认为一审法院对技术理解有误,存在多处认定错误。为了更加直观、高效地陈述我方观点,恒都团队针对庭审中涉及的关键问题准备了PPT。经过办案律师的不懈努力,最终在二审中代表客户取得了胜利。

四、(2023)最高法知行终114号判决观点

最高人民法院二审判决相应观点如下。

1. 最接近现有技术声称要解决的技术问题与涉案专利不同,能否给出技术启示

二审判决认为,从证据11的内容看,即使考虑到经济成本因素,电容器

组的选择也是倾向于在确定的电容值的前提下，选择尽量少的电容器，而不是追求电容器的大容值。证据 11 在解决“一般非储能式的接触电焊机难以保证较稳定的通电时间（由操作者控制），因此焊接质量不高，常有焊接不牢固和‘烧穿’现象发生”的技术问题时，采取的技术手段是利用 RC 电路所确定的放电时间周期特性，设计出由电容组（电容组的电容值）决定的、稳定的储能式点焊机的通电时间。电容器组的作用是利用电容器组的放电时间，决定储能式点焊机的通电时间（避免人工操作的通电时间误差）。显然，证据 11 与涉案专利权利要求 1 在解决技术问题的技术手段上并不相同。

法院认为，涉案专利说明书第[0003]段记载：“目前，现有的电容储能焊机主要为高压电容储能焊机或低压电容储能焊机。其中，高压电容储能焊机的充放电电压在 2800V～3000V，在应用过程中，需要使用高压变压器对其充电，由于其高压特性，对绝缘等级要求高，而且对操作工的技能要求也高，以保护操作安全。而低压电容储能焊机的充放电电压低于 450V，属于低压，在应用过程中较安全，但是该低压电容储能焊机所需要的电容数量过多，成本高，且占用空间大。”第[0013]段记载：“本发明实施例提供的中压电容储能焊机，使用耐压值大于 1000V 的金属薄膜无极性电容作为储能电容，储能电路的充放电压在 500V～1000V，操作安全；而且能够减少所需要的电容数量，提高电容的利用率，节约成本；适用于大电流焊接时的高电压下的放电焊接工艺。此外，由控制模块控制充放电，减少了传输回路的能量损耗，节约了能源。”可以看出，涉案专利系针对背景技术中高压、低压电容储能焊机分别存在的缺陷进行改进的，即选择充放电电压为“中压”，并限定所述直流电的电压值在 500V～1000V。

虽然证据 11 本身提出针对非贮能式电焊机，通过保证较稳定的焊接通电时间，解决焊接质量不高的技术问题，但是证据 11 所公开的内容同时也披露了“可以根据被焊接零件的大小和厚度调节电容器组的充电电压和其电容量，达到满意的焊接”。保证焊接通电时间是由电容器组 C 的放电时间所决定的，而放电时间与充电电压和电容量密切相关。证据 11 公开了升压变压器 B2 的次级电压最高达 900V，经整流后能产生 1000V 直流电压，可以看出证据 11 本身就已经采用了“中压”充电电压，能够解决涉案专利针对高压或低压储能焊机所提出的技术问题。因此，一审判决关于证据 11 与涉案专利解决技术问题不同，不能给出技术启示的认定有误，应予纠正。

2. 根据区别技术特征如何确定发明实际解决的技术问题

当以证据 11 为最接近的现有技术时，涉案专利权利要求 1 与证据 11 相比区别在于：(1)电源是三相电源，相应的整流桥是三相整流模块；(2)所述储能电容为金属薄膜无极性电容；所述储能电容的电容值大于或等于 1200uf 且能够承受 2000V 的反向峰值电压。

被诉决定认定，关于区别特征(2)，涉案专利权利要求 1 要解决的技术问题是根据焊接需求选择参数合适的电容器。

一审判决认为，关于区别特征(2)，涉案专利权利要求 1 要解决的技术问题应当是根据成本需求，选择参数合适的电容器。

对此，法院认为，根据涉案专利说明书的记载，其采用金属薄膜无极性电容所带来的技术效果是保证电容值及承受反向峰值电压的情况下，减少电容的数量，从而降低成本，可见涉案专利并未涉及是否根据焊接需求选择电容器的技术问题。因此，被诉决定认定确有不当，一审判决关于区别特征(2)实际解决的技术问题认定正确。

五、复盘与总结

(一)创造性判断的“三步法”

最高人民法院指出，在判断一项发明是否具有实质性特点时，通常第一步应确定最接近的现有技术，即现有技术中与请求保护的发明最密切相关的一项技术方案；第二步应确定请求保护的发明相对于现有技术的区别技术特征，并由此确定该发明实际解决的技术问题；第三步应从最接近的现有技术和发明实际解决的技术问题出发，判断请求保护的发明对本领域技术人员来说是否显而易见。

一审判决并未按照创造性判断的“三步法”确定区别技术特征，而是仅强调证据11与涉案专利各自解决的技术问题不同。

《专利审查指南》中规定了：最接近的现有技术，例如可以是，与要求保护的发明技术领域相同，所要解决的技术问题、技术效果或者用途最接近和/或公开了发明的技术特征最多的现有技术，或者虽然与要求保护的发明技术领域不同，但能够实现发明的功能，并且公开发明的技术特征最多的现有技术。应当注意的是，在确定最接近的现有技术时，应首先考虑技术领域相同或者相近的现有技术，其中，要优先考虑与发明要解决的技术问题相关联的现有技术。

本案中，虽然证据11本身提出针对非贮能式电焊机，通过保证较稳定的焊接通电时间，解决焊接质量不高的技术问题，但是证据11公开了升压变压器B2的次级电压最高达900V，经整流后能产生1000V直流电压，可以看出证据11本身就已经采用了“中压”充电电压，能够解决涉案专利针对高压或低压储能焊机所提出的技术问题。

（二）发明实际解决的技术问题

《专利审查指南》中规定了：基于最接近的现有技术重新确定的该发明实际解决的技术问题，可能不同于说明书中所描述的技术问题；在这种情况下，应当根据审查员所认定的最接近的现有技术重新确定发明实际解决的技术问题。《专利审查指南》中还规定了：重新确定的技术问题可能要依据每项发明的具体情况而定。作为一个原则，发明的任何技术效果都可以作为重新确定技术问题的基础，只要本领域的技术人员从该申请说明书中所记载的内容能够得知该技术效果即可。对于功能上彼此相互支持、存在相互作用关系的技术特征，应整体上考虑所述技术特征和它们之间的关系在要求保护的发明中所达到的技术效果。

可以看出，说明书中记载的要解决的技术问题和技术效果可以作为重要参考，而非直接依据，具体地，如果区别技术特征在本发明中所起到的作用，与发明声称要解决的技术问题对应的技术效果一致，则可以此为依据确定技术问题；如果区别技术特征在本发明中所起到的作用，与发明声称要解决的技术问题对应的技术效果不一致，则“发明实际解决的技术问题”应站在本领域技术人员的角度进行客观的分析和确定。

本案中，根据涉案专利说明书的记载，其采用金属薄膜无极性电容所带来的技术效果是保证电容值及承受反向峰值电压的情况下，减少电容的数量，从而降低成本，可见涉案专利实际解决的技术问题是根据成本需求，选择参数合适的电容器。

必要技术特征可以是功能性技术特征

——深圳某电子科技公司的专利权无效行政诉讼案

一、案件焦点

本案涉及激光测距领域的发明专利，在其确权过程中主要包括如下焦点问题：

1. 功能性技术特征在认定是否缺少必要技术特征时的作用；

2. 在创造性评价时，发明构思对区别特征和实际解决技术问题认定所起到的作用；

3. 缺少必要技术特征问题与说明书公开充分问题、权利要求清楚问题之间的关系。

在一审判决、二审判决和二审后重新作出的无效宣告审查决定中，对所述三个焦点问题中一个或多个给出了各自的分析，其中的理由和认定标准对于相关类案具有重要的借鉴意义。

二、案件概况

（一）案件当事人

上诉人（原审原告，专利权人）：深圳某电子科技有限公司（以下简称某电子公司）

被上诉人（原审被告）：国家知识产权局（以下简称国知局）

原审第三人（无效请求人）：深圳某科技股份有限公司（以下简称某科技

公司)

案件性质:发明专利无效行政诉讼二审

裁判文书:(2020)最高法知行终518号

涉案专利:ZL201010137843.8,一种提高激光测距仪精度的方法及设备

(二)案件过程

本案经历了专利无效阶段、专利无效行政诉讼一审阶段、专利无效行政诉讼二审阶段、二审后重新作出无效决定阶段。

专利无效阶段:某科技公司以权利要求8和9缺少必要技术特征的理由,以及权利要求1—7相比于专利文献证据或专利文献证据与公知常识的结合不具备创造性的理由,将涉案专利宣告无效。

专利无效行政诉讼一审阶段:恒都团队仔细分析原无效决定后提出了,独立权利要求8中已经记载了解决技术问题的必要技术特征,并且所引用的证据并未公开权利要求1中"将LD的真实发射信号引出"等技术特征。

一审判决维持原无效决定。

专利无效行政诉讼二审阶段:恒都团队进一步深入分析原无效决定和一审判决的观点,最终形成针对缺少必要技术特征问题和创造性问题的明确观点。最高人民法院判决撤销(2019)京73行初341号一审判决,撤销第37737号无效决定,以及国知局针对涉案专利重新作出无效决定。恒都律师事务所成功为某电子公司赢得了终审胜诉。

二审后重新作出无效决定阶段:国知局重新成立合议组审查针对涉案专利提出的无效宣告请求,随后在第56157号无效决定中,维持专利权全部有效。

(三)基本案情

2018年5月15日,某科技公司向国知局提出无效宣告请求,认为涉案专利权利要求1—9不符合2008年《专利法》第26条第4款、2010年《专利法实施细则》第20条第2款的规定,涉及权利要求1—9技术方案的说明书不符合《专利法》第26条第3款的规定,请求宣告专利权全部无效。主要证

据为：

对比文件 1：公开号为 CN101581783A 的中国发明专利申请文件；

对比文件 2：授权公告号为 CN1134673C 的中国发明专利说明书；

对比文件 3：公开号为 US5696657A 的美国专利文件及其中文译文；

对比文件 4：由首都图书馆出具的论文检索证明，《激光动态目标实时测距研究》，余新鹏，电子科技大学。

2018 年 10 月 30 日，国知局发出第 37737 号无效宣告请求审查决定书，认定涉案专利的独立权利要求 8 及其从属权利要求 9 缺少解决技术问题的必要技术特征，不符合 2010 年《专利法实施细则》第 20 条第 2 款的规定，权利要求 1 相比于对比文件 1 与 3 及本领域公知常识的结合不具备专利法第 22 条第 3 款规定的创造性，权利要求 2—7 的附加技术特征属于本领域惯用技术手段，或者已被对比文件 1 或 4 公开，因此不具备专利法第 22 条第 3 款规定的创造性。基于以上理由，国知局宣告涉案专利全部无效。

某电子公司不服上述无效决定，向北京知识产权法院提起行政诉讼一审。一审法院于 2020 年 6 月 28 日作出判决，认为国知局作出的被诉决定认定事实清楚，适用法律正确，符合法定程序，于是驳回某电子公司的诉讼请求。

针对一审判决，某电子公司不服，向最高人民法院提起上诉。

三、办案手记

恒都律师事务所接受客户二审委托后，迅速组建专业的律师团队全面分析无效程序和一审诉讼过程的全部材料，经过多次讨论，最终确定了行政诉讼二审的方向性意见，包括 2010 年《专利法实施细则》第 20 条第 2 款并未要求权利要求中必须限定具体的结构，对比文件 1 与本专利发明构思存在明显区别，本专利引出的“LD 真实发射信号”是经过光功率恒定、补充电路补偿的电信号，其并未被对比文件 1 公开或启示等几个重要上诉点，并有针对性地制定诉讼方案，逐步落实诉讼策略。

(一)关于涉案专利权利要求8和9是否符合2010年《专利法实施细则》第20条第2款的规定

根据2010年《专利法实施细则》第20条第2款的规定,独立权利要求应当从整体上反映发明或者实用新型的技术方案,记载解决技术问题的必要技术特征。

恒都团队首先明确,待解决的技术问题是LD和光敏元件易受环境影响。接着提出,在判断是否缺少必要技术特征时,不应忽视功能性技术特征对权利要求进行的限定。功能性特征是以特定功能或者效果来限定权利要求的保护范围,而非以实现该功能或效果的具体技术手段进行限定。独立权利要求8记载了,包括对所述LD进行环境影响补偿的电路和对所述光敏元件进行环境影响补偿的电路。该特征包含功能或效果已经能够解决权利要求8的技术问题。而2010年《专利法实施细则》第20条第2款关于权利要求是否缺少必要技术特征的规定并未要求权利要求中必须限定具体的结构。权利要求9进一步限定了对光敏元件进行环境影响补偿的电路的具体结构,也不存在缺少必要技术特征的缺陷。

上述观点得到了二审法院的支持,并得以在判决书的二审法院意见部分被进一步分析和阐述。

(二)关于涉案专利权利要求1—7是否符合2008年《专利法》第22条第3款的规定

恒都团队提出,对比文件1并未公开涉案专利权利要求1的技术特征"将LD的真实发射信号引出"。本专利引出的"真实发射信号"是电信号,不同于对比文件1中通过光电转换装置接收内光路信号。

恒都团队进而提出一个重要观点解释为何对比文件1中的特征不等于涉案专利的该特征,即对比文件1与涉案专利发明构思不同。具体地,对比文件1采用双发单收结构,构思在于通过两路发射信号相减从消除误差,而涉案专利采用单发单收结构,对LD和光敏原件的误差分别进行补偿后再引出至后续电路进行处理。

而对比文件3也未对上述区别特征给出启示，因为对比文件2仅概略地给出了设置温度传感器319及通过该传感器对系统性能进行优化，未给出如权利要求1中的具体电路结构及其消除误差的方法。且对比文件1与对比文件3也无法结合，虽然对比文件3也是用于改进激光系统但是其消除环境影响的构思与对比文件1的双发单收构思并不相同。

基于以上观点，恒都团队主张权利要求1具备创造性，进而从属权利要求2—7也具备创造性。

恒都团队的上述观点得到二审法院支持。

（三）关于缺少必要技术特征问题与权利要求不清楚问题和说明书公开不充分问题的关系

恒都团队通过对2010年《专利法实施细则》第20条第2款的分析解读，提出以缺少结构特征而认定缺少必要技术特征属于法律适用错误。

经过恒都团队从诉讼策略、诉讼文件、开庭环节的精心准备，最终，二审判决全面支持了办案律师的前述主要诉讼观点。2021年8月19日，二审法院作出判决，撤销一审判决和无效决定，国知局应重新作出无效决定。2022年5月20日，国知局重新作出的无效决定维持涉案专利权有效。

四、（2020）最高法知行终518号判决观点

最高人民法院二审判决相应观点包括。

（一）关于权利要求缺乏必要技术特征

1. 关于权利要求缺乏必要技术特征的判断

当权利要求的限定存在“无法用结构特征来限定，或者用结构特征限定不如用功能或效果特征来限定更为恰当”的情形时，在认定是否缺少必要技术特征时，不应忽视功能性技术特征对权利要求进行的限定。

2. 关于含有功能性特征的权利要求是否缺乏必要技术特征的判断

第一，功能性特征以拟实现的特定功能或者效果限定专利权的保护范围，而不是以实现该功能或者效果的具体技术手段（结构、连接关系、步骤、

工艺条件等)进行限定。

第二,独立权利要求通过功能性限定,记载了解决技术问题的必要技术特征,应当认定其符合2010年《专利法实施细则》第20条第2款的规定,不宜再以独立权利要求中没有记载实现该功能或效果的具体结构或者方式为由,认定其缺少必要技术特征。

第三,至于功能性特征概括是否适当,对于权利要求书、说明书及附图是否公开能够实现上述功能或效果的具体实施方式,以及能否得到说明书的支持,应当另行依据2008年《专利法》第26条第3款、第4款进行审查判断,一般不宜简单据此认定其缺少必要技术特征。

(二)关于本专利权利要求1—7是否具备创造性

判断发明是否具有突出的实质性特点,就是要判断对于本领域技术人员而言,要求保护的发明相对于现有技术是否显而易见。具体而言,需要确定本专利与最接近的现有技术之间的区别技术特征,并进一步明确本专利实际解决的技术问题。在确定发明实际解决的技术问题时,应当立足于相关区别技术特征在发明中所能达到的技术效果。

1.关于本专利区别技术特征和实际解决的技术问题的认定

第一,本专利与最接近的现有技术发明构思不同。对比文件1中消除电路系统的附加相移的技术方案具体采用内外光路的方式,采取双发单收结构,而本专利发明构思则是针对背景技术采用内外光路消除环境的方法的缺陷,在技术构思上采取分别直接对发射端LD和接收端光敏元件进行环境影响补偿消除的方法。

第二,两者技术手段不同。权利要求1的技术方案与对比文件1的技术方案之间的区别在于:(1)本专利对LD就环境造成的影响进行补偿消除;(2)本专利还将环境对光敏元件造成的影响进行了补偿消除。上述区别技术特征,基于一个总的发明构思,互相配合,共同提高激光测距仪的测量精度。

第三,关于本专利实际要解决的技术问题的认定。权利要求1实际解决的技术问题为消除环境对发射的 LD 及接收的 APD 的影响，以提高激光测距仪的测量精度。

2. 关于对比文件 3 是否给出了将环境对光敏元件造成的影响进行补偿的技术启示

虽然对比文件 3 也是用于改进激光系统，改进激光测距仪的电路、探测器偏压和跨阻抗电路、增加激光测距仪的灵敏度，降低成本，但两者消除环境影响的构思完全不同，本领域技术人员没有动机将对比文件 3 与对比文件 1 结合。被诉决定及原审法院关于对比文件 3 给出了技术启示的认定有误。

此外，在创造性判断中，应当将发明的技术方案、目的和效果作为一个整体来看待。从整体发明构思来看，对权利要求书的解释应当符合发明目的。本案中，将补偿消除后的真实发射信号引出与鉴相应当从整体发明构思上予以考虑，两者存在相互配合关系，不能割裂看待。本专利基于背景技术和整体发明构思，技术特征之间相互协调配合关系，直接对 LD 进行补偿而“将真实发射信号引出”，再行鉴相，及通过相位相减方式计算距离，“将真实发射信号引出”、鉴相及相位相减存在协调配合关系，将补偿消除后的真实发射信号直接引出后再进行鉴相，这一整体发明构思并未被对比文件 1 公开，也没有证据显示这种配合关系属于本领域技术人员的公知常识。

五、复盘与总结

（一）必要技术特征可以是功能性技术特征

功能性技术特征本身，在未在独立权利要求中与结构特征组合的情况下，也可以成为解决技术问题的必要特征。

（二）缺少必要技术特征问题和权利要求不清楚、未以说明书为依据问题、说明书公开不充分问题的法律适用应有所区分

恒都团队观点为：如果独立权利要求未记载解决技术问题的必要技术特征，适用 2010 年《专利法实施细则》第 20 条第 2 款；如果记载了必要技术特征，但是描述不清楚，或者是从说明书的记载中概括不出的特征，适用

2008 年《专利法》第 26 条第 4 款;而如果说明书对该特征对应的具体实施方式的描述未清楚、完整到本领域技术人员能够实现,则应适用 2008 年《专利法》第 26 条第 3 款。

(三)发明构思在创造性判断中的作用

《专利审查指南》第二部分第四章第 3.1 节规定,在评价发明是否具备创造性时,审查员不仅要考虑发明的技术方案本身,而且还要考虑发明所属技术领域、所解决的技术问题和所产生的技术效果,将发明作为一个整体看待。

恒都团队认为,如果把技术领域、技术问题和技术效果分别看作珠子,技术构思就是将它们穿起来的丝线。在以技术构思形成整体方案的基础上,区别特征的认定,以及区别特征在证据的基础上是否容易想到的认定,将会较为明确。具体地,如果几个技术特征在特定发明构思下相互配合,共同解决一技术问题或实现一技术效果,则其应该被视为相互协调配合的特征。而如果区别特征与证据体现的技术构思或发明构思不符,则不应轻易认定所述区别特征在该证据的基础上容易想到。

综上,恒都团队凭借在知识产权领域多年打磨的理解力、以客户利益为核心的敬业精神,以及庭审中出色的语言组织及表现力,为客户赢得了最终的胜利。在此也感谢客户在漫长而曲折的诉讼程序中保持对恒都团队的信任,才给予恒都团队为客户赢得最终胜利的机会。

没有各方签字的口审笔录的证明力认定

——新疆某科技有限公司的专利权无效行政诉讼案

一、案件焦点

本案涉及抽油机节能控制领域的发明专利，在确权过程中主要的焦点问题包括：

1. 没有签字的口审笔录是否具有证明力；

2. 电机领域的角形启动星形运行控制电路方案与星形启动星形运行电路方案是否有结合启示。

二、案件概况

（一）案件当事人

上诉人（一审原告）：吐鲁番地区某电气有限公司（以下简称某电气公司）

被上诉人（一审被告）：国家知识产权局

一审第三人（无效宣告请求人）：新疆某科技有限公司（以下简称某科技公司）

案件性质：发明专利权无效行政纠纷二审

裁判文书：（2022）最高法知行终 232 号

涉案专利：ZL201410629606.1，抽油机三角形启动星形运行节能控制柜及其控制方法

（二）案件过程

本案经历了发明专利权无效行政纠纷一审、二审阶段。

发明专利权无效行政纠纷一审阶段：一审阶段北京知识产权法院依据某电气公司和某科技公司提交的意见陈述书和补充意见陈述书，判定被诉决定未超出第三人的请求范围；依据相关证据，判定被诉决定与在先决定不存在矛盾，不存在逻辑错误，进而认定涉案专利权利不具备创造性，驳回某电气公司的全部诉讼请求。

发明专利权无效行政纠纷二审阶段：最高人民法院二审裁定准许某电气公司撤回上诉，一审（2021）京73行初1839号判决自裁定书送达之日起发生法律效力。

（三）基本案情

2021年1月28日，一审北京知识产权法院针对该案予以立案受理，某电气公司不服国家知识产权局针对某科技公司就某电气公司拥有的专利号为ZL201410629606.1，名称为“抽油机三角形启动星形运行节能控制柜及其控制方法”的发明专利（以下简称涉案专利）所提无效请求的决定（以下简称被诉决定），依法提起诉讼。

2021年10月27日，一审北京知识产权法院作出（2021）京73行初1839号行政判决，依据原告某电气公司和第三人某科技公司的意见陈述书和补充意见陈述书，口头审理记录表，结合客观疫情环境，认定被告国家知识产权局的解释具有合理性，进而判定被诉决定未超出第三人的请求范围；通过证据组合方式和无效理由以及相关证据，认定被诉决定与在先决定不存在矛盾、评述无逻辑错误、被告技术划分准确、对比文件5和对比文件1有结合启示，因而判定专利权利要求1具备创造性的主张不能成立；相应地，涉案专利的其他权利要求也具备创造性的主张也不能成立。故原告某电气公司的诉讼请求缺乏事实和法律依据，驳回其全部的诉讼请求。

某电气公司不服上述民事判决，向最高人民法院提起上诉。最高人民法院于2022年3月7日立案，在审理过程中，某电气公司于2022年4月25日自愿申请撤回上诉，随后，该院于2022年6月16日作出裁定，认定某电气公司在本案审理期间提出撤回上诉的请求，不违反法律规定，予以准许。从而最终裁定准许某电气公司撤回上诉。一审判决自该裁定书送达之日起发生法律效力。

三、办案手记

涉案专利存在标的额为100万元人民币的侵权背景,在一审法院支持了客户产品构成侵权并赔偿原告经济损失的情况下,恒都律师事务所接受客户委托,根据客户需求以及结合涉案专利所属技术领域组成了专业的律师团队,全面分析民事一审程序全部材料,经过论证说明,最终代表客户成功无效涉案专利,并请求二审法院驳回了原告的诉讼请求;原告对无效决定不服,向北京知识产权法院提请行政诉讼。

由于涉案专利涉及的技术方案较为复杂,且行政一审期间,原告更换了技术能力更高的代理律师,并提交了网络证据试图推翻无效决定的认定。恒都对此积极应对,对涉案专利和对比文件方案进行了进一步深入研究,结合公知常识证据向法庭解释了涉案专利的实际贡献及其被现有技术公开的理由。最终合议庭支持了恒都的观点,驳回原告诉讼请求。

一审程序结束后,原告不服一审北京知识产权法院判决,提起上诉,要求撤销一审行政判决和涉案无效宣告请求审查决定。恒都依据相关证据和公知常识,沉着应对,依次从专利解读、法律适用和法定程序三方面批驳上诉方请求,认定被告国家知识产权局作出的第46999号无效宣告请求审查决定程序合法,事实认定清楚,适用法律正确,审查结论正确。

与此同时,为了更好地说理,推动纠纷解决,恒都律师一方面梳理本案技术证据,另一方面与各方充分沟通,使原告在二审审理过程中自愿向最高人民法院申请撤回上诉,一审判决得以维持有效。

最终,北京知识产权法院驳回了原告某电气公司的诉讼请求。恒都代表某科技公司针对原告发明专利提起无效请求,无效理由获得了国家知识产权局的支持,并且获得北京知识产权法院的支持。面对此情况,原告自愿撤回上诉。

四、(2021)京73行初1839号判决观点

北京知识产权法院一审判决主要观点如下。

（一）被诉决定是否存在程序违法

原告主张被诉决定引入了第三人在无效请求时并未主张的公知常识，被告在审查时也未给予原告陈述意见的机会，被诉决定违反了请求原则和听证原则。对此，法院认为，由第三人 2020 年 5 月 20 日提交的补充意见陈述书可以确定，第三人明确其证据的使用方式为以对比文件 1 作为最接近的现有技术时，权利要求 1 相对于对比文件 1 结合公知常识，或相对于对比文件 1 结合对比文件 3/对比文件 9/对比文件 5/对比文件 6/对比文件 4 中的一篇并结合公知常识，或相对于对比文件 1、3、5 结合公知常识，或相对于对比文件 1 结合对比文件 3/对比文件 9 之一、同时结合对比文件 5/对比文件 6/对比文件 4 之一以及公知常识，不具备创造性，并具体阐述了其无效理由。针对第三人的上述无效宣告请求，原告也于 2020 年 6 月 1 日提交过意见陈述书。同时，由被告提交的口头审理记录表也可以确定，在远程口头审理过程中，第三人明确了其主张的创造性组合方式同其 2020 年 5 月 20 日提交的意见陈述书中书面意见一致，被告也就上述问题向双方当事人进行了调查，被诉决定的评述内容也并未超出第三人的请求范围。原告虽然指出该口头审理记录表并无签字，但并未明确否认口头审理记录表中具体记录内容的真实性，且被告对此作出了解释，表示该情况系疫情初期远程审理系统的原因所致，其解释具有合理性。可见，被诉决定并未超出第三人的请求范围，被告也给予了原告陈述意见的机会，原告关于被诉决定违反请求原则和听证原则的相关主张不能成立，法院不予支持。

（二）本专利权利要求 1 是否具备创造性

1. 被诉决定是否与在先决定存在矛盾

原告主张被告针对涉案专利曾作出第 43363 号无效宣告请求审查决定（以下简称在先决定），被诉决定的认定与该在先决定存在矛盾。对此，法院认为，虽然在先决定中的最接近现有技术与被诉决定的最接近现有技术基本相同，但上述两决定中的其他对比文件并不相同，且无效请求人在在先决定的审查程序中主张的理由为涉案专利相对于最接近现有技术与对比文件的结合不具备创造性,在被诉决定的审查程序中主张的理由为涉案专利相对于最接近现有技术与对比文件以及公知常识的结合不具备创造性,即上述两决定中无效请求人的证据组合方式及无效理由不相同。因此,虽然两决定的认定结论不同,但并不存在矛盾。

2. 被诉决定是否存在逻辑错误

原告主张对比文件1是涉案专利的最接近现有技术,而被诉决定在评述区别特征3时又引用了对比文件1的内容,存在逻辑错误。对此,法院认为,由被诉决定针对区别特征3的具体评述内容可见,被诉决定引用对比文件1相关内容的主要目的在于说明区别特征3的实质内容,而非认为对比文件1公开了区别特征3,被诉决定中的该部分评述内容并无明显不当。原告有关该部分评述存在逻辑错误的理由不能成立,法院不予支持。

3. 被诉决定有关区别特征3的技术特征的划分是否正确

原告主张被诉决定将区别特征3机械地拆分为多个部分,特别是"节点C"既无独立的技术功能又无独立效果,被诉决定却将其作为一个单独的技术特征进行比对,不符合技术特征的划分标准。对此,法院认为,通常而言,技术特征是指在权利要求所限定的技术方案中,能够相对独立地执行一定的技术功能,并且能产生相对独立的技术效果的最小技术单元。技术特征的划分既不宜过宽又不宜过细,在具体案件中,需要根据具体情形进行分析判断。本案中,区别特征3所限定的是电路的具体连接方式,需要考虑电路的端点、电器组成、连接关系等特征。实际上,被诉决定将区别特征3按照电路实现的功能分为了两大部分:其一为不同模式之间安全自动切换的具体电路结构,包括智能电机保护器FS1和FS2的连接及工作电路、KM1线圈的联通电路、KM2与KM3的转换电路;其二为时间继电器的保护电路。在评述KM2与KM3的转换电路时,被诉决定首先确定了其与对比文件1的对应关系,即"本专利电路连接到节点C、B之间等效于连接到对比文件1的节点Ⅲ和Ⅱ之间"。在此基础上,被诉决定进一步认为在对比文件1的基础上,本领域技术人员无须付出创造性的劳动即可将电路的连接端点设置在节点 C 的位置,涉案专利节点 C 的选择不会使涉案专利具备创造性。可见,被诉决定并非将涉案专利的节点 C 割裂出来孤立地考虑,而是在考虑 KM2 与 KM3 的转换电路时,认为该电路的端点选择无须付出创造性的劳动。原告的相关主张不能成立,法院不予支持。

4. 本领域技术人员是否有动机将对比文件 5 与对比文件 1 相结合

原告主张涉案专利可以实现电动机三角形运行和星形运行的自由切换,对比文件 1 和对比文件 5 均没有公开本专利的星角自由切换。对比文件 5 解决的是得失电的控制问题,是星形启动后变为角形运行,与对比文件 1 的原理完全不同,本领域技术人员没有动机将对比文件 5 与对比文件 1 相结合。对此,法院认为,原告的上述主张主要涉及权利要求 1 中的 KM2 与 KM3 的转换电路,即角星线圈转换部分。由涉案专利说明书第[0043]段 - [0054]段可以确定,本专利的运行方法是三角形启动,三角形保持,星形运行。在星形运行时,若电流超过智能电机保护器 FS2 的设定值时,转换为三角形运行。在三角形运行中,若电流超过智能电机保护器 FS1 的设定值时,则停止运行,需按复位键后方能恢复。可见,涉案专利的三角形和星形的转换并不是自由的切换,而是在满足一定条件下实现的切换。对比文件 1 公开了"电动机在运行中能随着负荷的变化而自动相应调节,负载率大于 40%,转换为三角形接法(可手动设置调整百分率),全电压运行;电动机轻载时,负载率小于 40%,转换星形接法(可手动设置调整百分率)";对比文件 5 亦公开了星形启动,"当时间继电器 KT1 的延时时间设定值到达时,时间继电器常闭延时断开触点 KT1 - 1 断开,从而使第三交流接触器 KM3 的线圈失电,同时时间继电器的常开延时闭合触点 KT1 - 2 闭合,电流正极经时间继电器的常开延时闭合触点 KT1 - 2、第三交流接触器的常闭辅触点 KM3 - 1 至第二交流接触器 KM2 的线圈,使第二交流接触器 KM2 的线圈得电,第二交流接触器的常闭主触点 KM2 - 2 闭合,使电机的主电路被换成三角形"。可见,对比文件 1 和对比文件 5 均公开了在一定条件下实现三角形和星形转换的技术方案。其中,对比文件 5 虽然是星形启动,后转换为三角形运行,但本领域技术人员能够意识到其公开的转换方式同样适用于三角形启动转换为星形运行。

对比文件1公开了KM△线圈（KM2）经中间继电器常闭开关KA和KMY常闭触点接至节点Ⅱ和Ⅲ，KMY线圈（KM3）经KM△常闭触点和时间继电器的常开触点接至节点Ⅱ和Ⅲ。对比文件1与涉案专利一样，也是通过一对双方的常闭触点（KMY常闭触点与KM△常闭触点）实现电路互锁。对比文件5则公开了KM2线圈串联连接时间继电器的常开延时闭合触点KT1－2和第三交流接触器的常闭辅触点KM3－1；KM3线圈串联连接时间继电器的常闭延时断开触点KT1－1和第二交流接触器的常闭辅触点KM2－1。对比文件5公开了使用时间继电器的一对常开、常闭开关用于接触器KM2和KM3的技术方案。在此基础上，本领域技术人员为了解决角星转换的互锁问题，有动机将对比文件5的时间继电器的一对常开、常闭开关与对比文件1相结合并对电路进行适应性的调整，无须付出创造性的劳动。原告有关对比文件5与对比文件1没有结合启示的主张不能成立。

（三）涉案专利其他权利要求是否具备创造性

在涉案专利权利要求1不具备创造性的情况下，原告有关基于与权利要求1具备创造性的相同理由，涉案专利其他权利要求也具备创造性的主张亦不能成立。

五、复盘与总结

（一）及时补充相关证据辅助说理

在侵害发明专利权纠纷中，原被告双方往往唇枪舌剑、据理力争，此时，包括发明专利在内的证据将成为说理的前提和基础。因此，证据准备是庭审过程中重要的一环，当发现证据不够充分时，应当及时有针对性地补充。本案中，对于我方“公知常识”的观点，一审及时补充提交《电气与PLC控制》一书的相关内容，进一步向技术调查官说理，最终使法院认定涉案专利权利要求不具备创造性。

(二)深入研究涉案技术专利

本案审理过程中,某电气公司试图对专利进行重新解释进而占据优势地位,被我方及时提出疑议,指出错误。这也说明,即使有技术调查官辅助审理,也不能将分析说理的任务就此转移,否则将会承担极大风险。由于涉案专利技术难度较高,我方提前仔细研究,使当庭的说理更加完善,并能指出对方扩大权利保护范围的意图,牢牢把握话语权,最终法院驳回了对方的诉讼请求。

权利要求技术特征含义的解释问题

——张某的实用新型专利权无效行政诉讼案

一、案件焦点

本案涉及权利要求技术特征含义的解释问题，具体体现在涉案专利权利要求限定的电子产品的范围仅包括说明书中列举的类似手机的紧凑型结构，还是也包括证据1公开的台式机散热结构的问题；以及仅在实施例1中记载的可拆装的标准化连接件（出入口）可否限定权利要求中的出入口的问题。

在无效行政决定、一审判决、二审判决和再审判决中，对于上述问题给出了不同的论断，其中的理由和认定标准对相关类案具有重要的借鉴意义。

二、案件概况

（一）案件当事人

再审申请人（无效请求人，一审原告，二审上诉人）：张某

再审被申请人（一审被告，二审被上诉人）：国家知识产权局

第三人（专利权人）：某科技有限责任公司

案件性质：实用新型专利无效行政诉讼再审

裁判文书：（2020）最高法行再210号

涉案专利：专利号ZL201320474586.6，名称"电子产品的散热结构及电子产品"的实用新型专利

（二）案件过程

本案经历了专利无效阶段、专利无效行政诉讼一审阶段、专利无效行政诉讼二审阶段、专利无效行政诉讼再审阶段。

专利无效阶段：张某针对涉案专利向原国家知识产权局专利复审委员会请求宣告无效，专利复审委员会认为涉案专利权利要求1、6、7、10相对于证据1（公开号为CN1485904A的中国发明专利公开文本）不具备新颖性的理由不成立，相应的不具备创造性的理由也不成立，作出维持权利要求1—10全部有效的第26067号无效宣告审查决定。

专利无效行政诉讼一审阶段：张某对第26067号决定不服，认为合议组对涉案专利权利要求中的“电子产品”进行了不当解释，向北京知识产权法院提起行政诉讼，北京知识产权法院没有支持上述理由，（2016）京73行初1979号一审判决维持了原无效决定。

专利无效行政诉讼二审阶段：张某在分析原无效决定和一审判决的观点基础上，有针对性地逐一提出应对观点，陈述翔实的理由。但北京市高级人民法院（2017）京行终2923号判决仍然没有支持上述观点，判决驳回张某的上诉请求，维持（2016）京73行初1979号一审判决和国家知识产权局作出的第26067号无效决定。

专利无效行政诉讼再审阶段：张某在行政诉讼二审判决生效后提起再审请求，认为原审判决和被诉决定对权利要求的保护范围作出了错误解释，经过最高人民法院的审理，认定再审理由部分成立，裁定提审本案，具体请参见（2018）最高法行申1919号行政裁定书。再审期间，恒都律师检索并提交了多份在先相关判决，特别提交了与本案合议庭相关的案例，并结合案例分析原审判决认定错误的理由，最终，最高人民法院（2020）最高法行再210号判决支持了张某的再审理由，判决撤销北京市高级人民法院（2017）京行终2923号行终判决，撤销北京知识产权法院（2016）京73行初1979号行终判决，撤销国家知识产权局专利复审委员会第26067号无效宣告请求审查决定，责令国家知识产权局就涉案专利重新作出决定，成功为张某赢得了胜诉。

（三）基本案情

2014 年 10 月 24 日，张某向原国家知识产权局专利复审委员会提出无效宣告请求，认为涉案专利不符合 2008 年《专利法》第 22 条第 2 款和第 3 款的规定，主要证据为 CN1485904A 中国发明专利公开文本。原国家知识产权局专利复审委员会于 2015 年 5 月 15 日作出第 26067 号无效宣告请求审查决定，认为张某提出的所有无效理由均不成立，决定维持涉案专利权利要求 1—10 全部有效。

张某不服上述无效决定，向北京知识产权法院提起行政诉讼一审。一审法院于 2017 年 1 月 19 日作出判决，认为涉案专利权利要求 1 和 7 相对于证据 1 具备新颖性和创造性，判决驳回张某的诉讼请求，维持原无效决定。

张某不服一审判决，向北京市高级人民法院提起上诉。二审法院于 2017 年 12 月 19 日作出判决，认为证据 1 的实施例都是用于台式个人计算机的 CPU 部件的冷却，该类产品的机箱体积远大于外部散热部件，且电脑机箱无须便携，无须专门设计外部散热部件和内部散热通道连接的出入口；涉案专利针对的改进对象是手机类的紧凑型电子产品，与台式机等大型电子产品相比，其散热模块相应的装载空间小，对散热效能和结构设计要求更高，说明书也记载了将内部散热通道与外部散热部件的连接处（出入口）设计成标准化部件以利于装配和推广应用，因此二者的方案有实质性不同，解决的技术问题和达到的技术效果也相应有所不同，判决驳回张某的上诉请求，维持一审判决和原无效决定。

张某不服二审判决，向最高人民法院提起再审请求，认为原审判决和被诉决定对权利要求的保护范围作出了错误解释，严重损害了权利要求的公示作用，权利要求并没有将非紧凑型电子产品排出其保护范围，且紧凑和体积大小也没有必然的限定作用，权利要求 1 和 7 相对于证据 1 不具备新颖性和创造性，判决撤销原审判决和被诉决定。

三、办案手记

本案是张某针对某科技有限责任公司拥有的名称为“电子产品的散热结构及电子产品”的实用新型专利提起的无效案件，无效决定将涉案专利的电子产品解释为仅在说明书中例举的类似手机的紧凑型结构，从而得出与证据1的台式机散热结构不同的结论，且上述理由得到了一审法院和二审法院的支持。

再审期间，恒都团队除陈述一、二审判决对权利要求的解释错误的理由之外，还检索并提交了多份在先判决（重点提交了与本案合议庭相关的案例），并结合案例分析原审判决认定错误的理由，最终合议庭支持了恒都的观点，判决撤销两审判决和被诉决定，责令国家知识产权局对涉案专利重新作出无效决定。

四、（2020）最高法行再210号判决观点

最高人民法院再审判决相应观点包括：

在权利要求未进行特别限定，而是在说明书的具体实施例中以特别应用场景为例进行说明，或记载了特定实施方式的情况下，该记载并不能用于限定权利要求的保护范围。该观点在后续颁布的《最高人民法院关于审理专利授权确权行政案件适用法律若干问题的规定（一）》（法释〔2020〕8号）第2条第1款“人民法院应当以所属技术领域的技术人员在阅读权利要求书、说明书及附图后所理解的通常含义，界定权利要求的用语。权利要求的用语在说明书及附图中有明确定义或者说明的，按照其界定”中也有相应体现。

五、复盘与总结

（一）关于非自定义术语的理解问题

对于权利要求中涉及的非本专利自定义的术语，在本领域技术人员能

够理解其通常含义的情况下，即便说明书具体实施例中以该术语的某个下位概念为例对发明内容进行了说明，将权利要求中具有通常含义的术语解释为说明书中的具体实例，将不当限缩权利要求的保护范围。

具体到本案，权利要求 1 和 7 的主体名称限定的是“一种电子产品的散热结构”，“电子产品”不属于自定义术语，本领域技术人员能够理解其通常含义，且知晓该通常含义非限于小型化紧凑型电子产品。虽然说明书中以小型化紧凑型的手机为例对发明内容进行了说明，但将权利要求中具有通常含义的“电子产品”解释为说明书中“小型化紧凑型”的电子产品，将不当限定权利要求的保护范围。

（二）关于个别实施例中说明的产品部件对权利要求特征限定作用问题

对于权利要求中涉及的产品部件，不能以个别实施例中对该部件的特别限定来限缩权利要求的保护范围。

具体到本案，涉案专利权利要求 1、7 中未对内部散热通道的“入口”“出口”是否可实现“标准化”进行限定，只是在说明书中的实施例 1 部分记载了内部散热通道和外部散热组件的连接处可实现标准化，该记载并不能用于限定权利要求的保护范围。

机械领域

律师和技术专家协作发掘关键证据

——某科技股份有限公司与日本某陶业株式会社之间的发明专利权侵权纠纷案

一、案件焦点

本案涉及汽车零部件的发明专利，在其确权过程中主要包括两个焦点问题：

1. 对于使用公开证据真实性的认定；

2. 鉴定意见书效力的认定。

在第一次专利无效宣告审查决定和专利行政诉讼一审判决对第一个焦点问题给出了明确的论断。第二次专利无效宣告审查决定对第二个焦点问题给出了明确的论断，其中的理由和认定标准对相关类案具有重要的借鉴意义。

二、案件概况

（一）案件当事人

上诉人（原审被告）：湖南某科技股份有限公司（以下简称某科技公司）

被上诉人（原审原告，专利权人）：日本某陶业株式会社（以下简称某陶业株式会社）

原审被告：北京某商贸有限公司（以下简称某商贸公司）

案件性质：发明专利侵权诉讼二审、发明专利无效

裁判文书：（2021）最高法知民终 1979 号、无效宣告请求审查决定第

46614 号、(2018)京 73 民初 1603 号、(2020)京 73 行初 16914 号、无效宣告请求审查决定第 561598 号

涉案专利:ZL201080040132.7,“火花塞”

(二)案件过程

本案经历了专利侵权诉讼一审阶段、专利侵权诉讼二审阶段及同步进行的第一次专利无效阶段、第一次专利无效行政诉讼一审阶段和二审阶段,以及同步进行的第二次专利无效阶段。

专利侵权诉讼一审阶段:原告某陶业株式会社将被告某科技公司和某商贸公司诉至北京知识产权法院,并主张 7 款涉案火花塞产品的禁令与赔偿。被告某科技公司主张原告恶意取得专利权及不侵权抗辩,被告某商贸公司主张合法来源抗辩。

北京知识产权法院一审判决认定被诉侵权产品落入涉案专利保护范围,被告某科技公司的上述主张不成立、被告某商贸公司的合法来源抗辩成立。判决某科技公司、某商贸公司停止侵害涉案专利权,某科技公司赔偿某陶业株式会社经济损失人民币 500 万元及维权合理开支人民币 211,162.15 元。

第一次专利无效阶段:某科技公司使用专利文献、使用公开证据(增值税票复印件、记账凭证复印件、产品图纸)等作为主要证据,提出了说明书公开不充分、权利要求保护范围不清楚且得不到说明书支持、不具有创造性的无效理由,向国家知识产权局提出无效宣告请求,请求宣告涉案专利的专利权无效。

国家知识产权局专利局复审和无效审理部(以下简称专利复审和无效审理部)作出第 46614 号无效决定,宣布维持专利权全部有效。

专利无效行政诉讼一审阶段:恒都团队仔细分析涉案专利的技术方案,以及无效决定中的理由,代理某科技公司向北京知识产权法院提起行政诉讼,请求撤销该无效决定,并在专利无效行政诉讼中进一步补充公知常识证据佐证自己的观点。北京知识产权法院作出(2020)京 73 行初 16914 号判

决，认定原告的诉讼请求缺乏事实与法律依据，不予支持，并判决驳回原告的诉讼请求。

第二次专利无效阶段：在专利无效行政诉讼一审败诉后，恒都代理某科技公司提交了第二次专利无效宣告请求，在此次请求中加强了证据收集，提出新的关键证据。

专利无效行政诉讼二审阶段和专利侵权诉讼二审阶段：对于专利无效行政一审和专利侵权诉讼一审，恒都代理某科技公司向最高人民法院分别提起上诉，二审案件于2023年知识产权周内公开审理，其中2023年4月25日上午审理行政诉讼二审，下午审理侵权诉讼二审。

在行政诉讼二审和侵权诉讼二审的公开审理之后的一个月内，专利复审和无效审理部作出新的无效决定，即第561598号无效决定，宣告涉案专利的专利权全部无效。

鉴于涉案专利已被全部无效，某科技公司向最高人民法院提出撤回上诉的请求，该请求被予以准许；最高人民法院基于第561598号无效决定，撤销北京知识产权法院（2018）京73民初1603号民事判决，并驳回某陶业株式会社的起诉，此裁定为终审裁定。恒都律师事务所成功为某科技公司赢得了终审胜诉。

（三）基本案情

某陶业株式会社向北京知识产权法院提起诉讼，北京知识产权法院于2018年11月29日立案受理，某陶业株式会社起诉请求判令：（1）被告某科技公司立即停止制造、销售、许诺销售侵犯原告涉案专利权产品（包括型号为C3、A4、TURBO3547、DK7RTA、Q5887、DK7RTAI、IQ5837的7款火花塞产品）的行为，被告某商贸公司立即停止销售、许诺销售侵犯原告涉案专利权产品（包括型号为C3、A4、TURBO3547、DK7RTA、Q5887、DK7RTAI、IQ5837的7款火花塞产品）的行为；（2）被告某科技公司、某商贸公司立即销毁制造被诉侵权产品的专用模具等专用设备和库存、有关被诉侵权产品的全部宣传资料，并删除其网站中有关被诉侵权产品的宣传内容；（3）被告某科技公司、某商贸公司连带赔偿原告因被诉侵权行为而遭受的经济损失500万元，连带赔偿原告为调查、制止被诉侵权行为而支出的合理费用30万元，共计530万元；(4)被告某科技公司、某商贸公司承担本案的全部诉讼费用。

某科技公司辩称：(1)原告据以主张权利的涉案专利属于原告采用编造试验数据、虚构技术效果等手段使涉案专利满足2008年《专利法》的授权条件并取得专利权的情形，依照2008年《专利法》相关规定，该恶意取得的专利权不应获得法律保护；(2)被诉侵权产品未落入原告涉案专利权的保护范围，不构成专利侵权；(3)原告主张的损害赔偿数额过高。某商贸公司辩称：(1)被诉侵权产品系从某科技公司进货且经其授权销售的，具有合法来源；(2)并不知晓前述被诉侵权产品是否落入原告涉案专利权的保护范围，对此亦无过错，依法不应当承担赔偿责任。

2021年4月12日，北京知识产权法院作出(2018)京73民初1603号判决。北京知识产权法院认定现有证据无法证明涉案专利属于“采用编造实验数据、虚构技术效果等手段使涉案专利满足专利法的授权条件并取得专利权”的情形，也无法证明涉案专利属于“将申请日前明确知悉的国家标准、行业标准等技术标准中的技术方案申请专利并取得专利权”的情形，7款被诉侵权产品落入涉案专利保护范围。法院据此认定某科技公司不侵权抗辩不成立，其制造、销售行为构成侵权；某商贸公司合法来源抗辩成立，免除赔偿责任；判决侵权成立，某科技公司赔偿原告经济损失500万元及合理支出21万余元。

某科技公司于2020年2月17日，针对涉案专利向国家知识产权局提出第一次无效宣告请求，使用专利文献、使用公开证据(增值税票复印件、记账凭证复印件、产品图纸)等作为主要证据，提出了说明书公开不充分、权利要求保护范围不清楚且得不到说明书支持、不具有创造性的无效理由。专利复审和无效审理部作出第46614号无效决定，宣布维持专利权全部有效。

之后，某科技公司针对该无效决定，于2020年11月24日向北京知识产权法院提起行政诉讼,提交3份未在专利无效程序中提交的证据,请求依法撤销被诉决定,并判令被告重新作出决定,某陶业株式会社也向法院提交了3份证据。北京知识产权法院于2022年6月20日作出(2020)京73行初16914号判决,驳回原告某科技公司的诉讼请求。

在第一次专利无效程序和行政诉讼一审中,存在争议的一个焦点问题是:使用公开证据的真实性认定。某科技公司在第一次专利无效程序中提供证据6—8(以下简称证据45H),包括增值税票复印件、记账凭证复印件、产品图纸,用于作为主张涉案专利使用公开的证据。

针对此焦点问题,无效决定中认为:对证据6增值税票的真实性予以认可;关于证据8中的图纸,虽然其在图纸下方标示有日期,但上述图纸系请求人的公司内部资料,在没有其他佐证的情况下,对其真实性不予认可;此外,证据7的产品来源不明,无法确认其与证据8中的图纸、证据6中的发票之间的关联性,基于上述理由,认为证据45H的使用公开的真实性不能被认可。

行政诉讼一审中,北京知识产权法院认为:证据6中的增值税发票中仅记载销售产品包括型号为“45H”的火花塞,不能体现该产品的结构;证据8图纸系某科技公司的内部资料,在没有其他佐证的情况下,其真实性无法确认;证据7端子电极建模图及实物照片,在无其他证据佐证的情况下,无法确认端子电极建模图及实物照片中所示的产品就是证据6中增值税发票所涉及的销售产品。因此,被诉决定关于某科技公司提交的关于证据45H的使用公开的真实性不能被认可,证据45H不能形成完整有效的证据链。

对于专利无效行政诉讼一审和专利侵权诉讼一审,恒都代理某科技公司提起上诉,并于2022年10月31日再次提出无效请求,后续又补充提交了新的证据和理由,认为涉案专利权利要求1—5不符合2008年《专利法》第26条第4款、《专利法》第22条第2款、第3款的规定,请求宣告权利要求1—5全部无效。主要证据为:附件1,国家图书馆科技查新中心出具的馆藏文献复制证明,其中包括南京火花塞研究所主办的1991年12月第2期《火花塞与特种陶瓷》的复印件,公开日期为1991年12月31日;附件2,F7TC

型号火花塞的相关资料的复印件;附件3,菲沃德〔2022〕知鉴字第220902号知识产权鉴定意见书。

2023年2月24日,合议组对再次提出的无效请求进行口头审理,审理中的一个焦点问题为对鉴定意见书效力的认定。

针对此焦点问题,专利权人认为:(1)作出鉴定意见书的鉴定人员并不具有火花塞领域的专业技术知识,对其鉴定资质存疑;(2)鉴定材料2的图纸系委托人(本案请求人)根据证据1的内容自行理解并单方面绘制的图纸,并非证据1的原始记载,鉴定机构以此作为建模依据显然是不正确的;(3)鉴定意见书中所使用软件的应用资质、是否为正版软件、软件的来源以及操作人员是否经过了相关软件的培训等均存疑;(4)证据1中的表4所给出的数据并不完整,没有给出接线螺杆头部圆台的高度,仅依据表4的数据无法得出整个接线螺杆的具体尺寸数据,也就无法得出其重心位置。

合议组认为:在本案中,出具鉴定意见书的一名鉴定人员金某出庭接受了质询,该鉴定人员为知识产权鉴定专业委员会入库登记人员,符合关于鉴定人资质的要求;鉴定意见书的建模数据均来源自证据1中原始记载的文字及数据图标,其建模依据并无明显瑕疵;鉴定人员介绍了使用软件进行建模的详细过程,鉴定意见书中使用软件进行建模这一过程并不存在明显瑕疵,确认建模过程的真实性;在口头审理的质询环节,鉴定人均明确了得出整个接线螺杆相关数据的过程及所依据的证据1中的文字及图表,数据确凿真实,计算过程符合几何学原理。综上,鉴定意见书中关于证据1图5以及表4中接线螺杆重心的确定过程形式规范、数据来源准确客观、程序合法,其鉴定意见内容应当予以采纳。

在专利侵权诉讼二审中,恒都团队基于新无效请求的口审情况,陈述涉案专利权不稳定,且保护范围处于变动中的意见;并基于新的关键证据,作为现有技术,通过技术特征比对,陈述涉案专利权利要求被现有技术公开,以主张现有技术抗辩;同时,基于F7TC型号火花塞的公开使用证据主张先用权抗辩,以及主张原审判决中赔偿额明显过高。

最终，专利复审和无效审理部作出第561598号无效决定，宣告涉案专利全部无效；在行政诉讼二审中，鉴于涉案专利已被全部无效，某科技公司向最高人民法院提出撤回上诉的请求，该请求被予以准许；最高人民法院基于该无效决定，撤销北京知识产权法院（2018）京73民初1603号民事判决，并驳回某陶业株式会社的起诉，此裁定为终审裁定。恒都律师事务所成功为某科技公司赢得了终审胜诉。

三、办案手记

恒都律师事务所接受客户委托后，迅速组成了专业的律师团队，全面分析第一次专利无效程序和专利侵权诉讼一审过程的全部材料，针对第一次专利无效决定提起行政诉讼，并针对侵权诉讼一审、行政诉讼一审提起上诉，此外亦针对涉案专利再次提出无效请求，即采用了全方面手段积极应对某科技公司被诉专利侵权。

在与当事人积极进行案件的全面沟通并经过多次讨论后，最终确定应对该专利侵权诉讼的方向性意见，包括：在行政诉讼一审中提交新的证据，主张使用公开证据的真实性认定，再次提出新的无效请求，以及侵权诉讼二审中现有技术抗辩、先用权抗辩、赔偿额明显过高等抗辩方向，并有针对性地制定应诉方案，逐步落实应诉策略。

在诉讼不利的情况下，恒都团队在对涉案材料进行细致、全面的分析之后，将应诉重点放在新的专利无效宣告请求上，意图通过新的证据和无效理由，将涉案专利的全部权利要求无效掉，从而在根本上使某陶业株式会社丧失提出本专利侵权诉讼的基础。恒都团队积极与委托人充分沟通，寻找关键证据，快速推进新的专利无效。

在侵权诉讼二审和新的专利无效请求中，恒都团队和委托人一起加强证据收集，提出新的关键证据，包括期刊文章《火花塞与特种陶瓷》及F7TC型号火花塞的公开使用证据，并使用鉴定意见对新的关键证据进行补强，确保证据效力。

在新的专利无效请求程序中,专利权人曾经主动修改权利要求书,但由于修改超范围而未被接受。

在侵权诉讼二审中,恒都首先基于新无效请求的口审情况,陈述涉案专利的专利权不稳定、保护范围不确定。基于新的关键证据,进行现有技术抗辩。经过庭审,将相关技术领域的技术发展、涉案专利的发明点和专利产品的特征都进行充分阐述,说明了涉案专利保护范围过宽的理由。

由于本案在业界的重大影响力,最高人民法院于2023年在知识产权周内公开审理,2023年4月25日上午审理行政诉讼二审,下午审理侵权诉讼二审,引起广泛关注。在庭审之后,专利复审和无效审理部对新的专利无效请求作出无效决定,涉案专利被认定全部无效。

本案从2018年11月某陶业株式会社起诉至结案,历时5年。本案的审理备受关注,审判结论虽有波折反复,但是二审终审判决终于为本案画上了圆满的句号。

在本案的办理过程中,委托人给予恒都团队强大的支持和信任,恒都律师团队展现了良好的证据收集能力、案件的整体把控能力、深入浅出的技术讲解能力和与审判者的沟通能力。恒都将继续以过硬的专业素质、高度负责的工作态度、严谨高效的工作作风,维护当事人的合法权益。

四、第46614号无效宣告请求审查决定书观点

关于使用公开证据真实性的认定

如果证据链中的证据在真实性上存在瑕疵,且证据相互无法证实彼此之间存在关联,则上述相关证据使用公开的真实性不能被认可,不能构成完整有效的使用公开的证据链。

合议组认为:对证据6增值税票的真实性予以认可;关于证据8图纸,虽然其在图纸下方标示有日期,但上述图纸系请求人的公司内部资料,在没有其他佐证的情况下,对其真实性不予认可;此外,证据7的产品来源不明,无法确认其与证据8的图纸、证据6中的发票之间的关联性,基于上述理由,认

为证据45H的使用公开的真实性不能被认可。

五、(2020)京73行初16914号判决观点

关于使用公开证据真实性的认定

北京知识产权法院认为:证据6中的增值税发票中仅记载销售产品包括型号为“45H”的火花塞,不能体现该产品的结构;证据8图纸系某科技公司的内部资料,在没有其他佐证的情况下,其真实性无法确认;证据7端子电极建模图及实物照片,在无其他证据佐证的情况下,无法确认端子电极建模图及实物照片中所示的产品就是证据6中增值税发票所涉及的销售产品。因此,被诉决定关于某科技公司提交的关于证据45H的使用公开的真实性不能被认可、证据45H不能形成完整有效的证据链。

六、第561598号无效宣告请求审查决定书观点

关于鉴定意见书效力的认定

如果经审查,鉴定意见由具有相应鉴定资格的鉴定机构和鉴定人作出、鉴定程序合法、鉴定方法科学、鉴定意见无明显依据不足等重大瑕疵,且对方当事人在质证时未提出足以反驳的相反证据和理由,则一般可以确认其效力。

合议组认为:在本案中,出具鉴定意见书的一名鉴定人员金某出庭接受了质询,该鉴定人员为知识产权鉴定专业委员会入库登记人员,符合关于鉴定人资质的要求;鉴定意见书的建模数据均来源自证据1中原始记载的文字及数据图标,其建模依据并无明显瑕疵;鉴定人员介绍了使用软件进行建模的详细过程,鉴定意见书中使用软件进行建模这一过程并不存在明显瑕疵,确认建模过程的真实性;在口头审理的质询环节,鉴定人均明确了得出整个接线螺杆相关数据的过程及所依据的证据1中的文字及图表,数据确凿真实,计算过程符合几何学原理。综上,鉴定意见书中关于证据1图5以及表4中接线螺杆重心的确定过程形式规范、数据来源准确客观、程序合法,其鉴定意见内容应当予以采纳。

七、复盘与总结

本案从2018年11月某陶业株式会社起诉至结案,历时5年。以专利侵权诉讼为主线,专利无效及专利无效行政诉讼贯穿其中。

办理案件,律师团队和当事人之间的配合至关重要。律师了解案件审判标准,当事人了解行业和专利技术,双方各自发挥优势,就能更好地呈现案件事实。由于涉案专利采用了特定术语撰写技术特征,导致难以通过常规的检索手段查找到证据。恒都律师在与当事人沟通之后,对保护范围进行解释,并给出了证据收集建议,最后当事人在自己的图书资料室找到关键证据,促使成功无效涉案专利。

使用公开证据的组织在客观情况上存在诸多困难。专利申请日之前的使用公开事实通常是多年以前,使用公开的产品的取证通常面临困难,例如除非使用公开产品本身标注有日期,否则使用公开产品的具体销售日期就需要销售合同、发票等多个辅助证据。此外,使用公开产品的技术细节展现也面临困难,可能需要产品剖解、借助产品说明书等进行说明。因此,使用公开证据的举证工作面临显著挑战。

司法系统追求公正,律师做好沟通可以提高效率、节约司法资源。在涉案专利的无效中,由于要配合书面证据准备鉴定意见,导致较晚提起无效请求。然而,最高人民法院的法官对于侵权诉讼二审推进也有时限要求,合议庭三位法官在2023年4月25日的开庭之前需要花费大量时间阅卷、与双方当事人沟通,还要组织参与开庭审判,可谓“时间紧,任务重”。如果律师能够进一步加强沟通,也许国家知识产权局能够更早作出新的无效决定,从而节约最高人民法院的宝贵司法资源。

专利类诉讼具有很强的专业性,且为全球范围内被广为采用的法律制度,专利律师参与司法审判也面临诸多挑战。恒都的专利律师将在累累案件中沉淀经验,时时严于要求自己,以高度负责的工作态度、严谨高效的工作作风,致力于维护当事人的合法权益。

四千万判赔额下的突破之路

——镇江某机械有限公司与瑞典某公司发明专利权侵权纠纷案

一、案件焦点

镇江某机械有限公司作为民事侵权案件的被告，实现“釜底抽薪”，成功无效对方专利。在本次专利无效过程中存在三个焦点问题：

1. 在证据中没有文字公开的前提下，如何认定附图公开的技术特征；

2. 如何确定涉案专利与最接近的现有技术之间的区别技术特征；

3. “本领域常规技术手段”的适用。

虽然无效决定和行政诉讼一审判决对于上述三个焦点问题给出了不同角度的论断，但结果一致认为涉案专利的全部权利要求不具备创造性。

二、案件概况

（一）案件当事人

民事诉讼上诉人（原审被告）、无效宣告请求人、行政诉讼第三人：镇江某机械有限公司（以下简称某机械公司）

民事诉讼被上诉人（原审原告）、无效宣告专利权人、行政诉讼原告：瑞典某公司

行政诉讼被告：国家知识产权局

裁判文书：（2020）苏01民初1204号民事判决书

（2021）最高法知民终1684号民事裁定书

（2022）京73行初11095号行政判决书

无效决定：第53829号无效宣告请求审查决定

涉案专利：ZL200680012412.0，名称为“盘壳”

（二）案件背景

某机械公司隶属于中央企业中国机械工业集团公司下属中国某机械集团公司，是我国从事人造板机械专业设备开发与制造的骨干企业。其作为被告，在侵害发明专利权纠纷一审中，被判赔偿瑞典某公司4000万元。该判决如果生效，对某机械公司、对行业都会产生重大的不利影响。

北京恒都律师事务所在侵权纠纷二审阶段介入案件，以专利无效宣告请求为突破口，成功无效了涉案专利，驳回了原告的诉讼请求，避免了4000万元的国有资产损失。

（三）基本案情

2021年6月4日，江苏省南京市中级人民法院作出（2020）苏01民初1204号民事判决书，判决某机械公司停止侵权，赔偿瑞典某公司经济损失4000万元。某机械公司委托北京恒都律师事务所代理其提起上诉。

恒都代理某机械公司于2021年8月6日向国家知识产权局提出了无效宣告请求，请求宣告涉案专利全部无效，其理由是：涉案专利权利要求1得不到说明书支持，不符合《专利法》第26条第4款的规定；权利要求1—3保护范围不清楚，不符合2010年《专利法实施细则》第20条第1款的规定；权利要求1—3不具备创造性，不符合《专利法》第22条第3款的规定。

2022年1月27日，国家知识产权局作出无效宣告请求决定书，宣告涉案专利全部无效。

2022年3月1日，最高人民法院基于专利权被宣告无效的事实，裁定驳回瑞典某公司起诉。

2022年4月8日，瑞典某公司针对上述无效决定，向北京知识产权法院提出行政诉讼。恒都代理某机械公司作为第三人参加了行政诉讼。

2023年3月20日，北京知识产权法院判决驳回瑞典某公司的诉讼请求。

三、办案手记

恒都接受某机械公司委托后，首先从宏观上分析争议解决途径。经多次讨论确定了二审的方向性意见，即两条腿走路，一方面针对涉案专利提起无效宣告请求，另一方面在诉讼程序中积极应诉。

恒都团队以专利无效作为案件突破口，前后进行了多轮证据检索，就技术方案与客户多次讨论，向国家知识产权局先后提交了8篇中外专利文献、4本教科书/工具书等证据。为尽可能提高无效宣告的成功率，恒都团队采用两套证据组合，分别评述涉案专利不具备新颖性、创造性的事实。

经过恒都团队在专利无效进程中的精心准备，最终，国家知识产权局全面支持了办案律师的主要观点，认定涉案专利不符合2000年《专利法》第22条第2款规定的授权条件，应当予以宣告无效。

四、裁判观点

（一）无效宣告审查决定的主要观点的基础背景

关于区别技术特征的认定，合议组认为，将权利要求1保护的技术方案与证据3相比较，二者的区别在于沟槽的设置及出口与沟槽的位置关系。具体而言，涉案专利的盘壳的内部沿着其周缘形成沟槽，该沟槽沿周向看具有连续增加的半径，且该增加的半径一直增加到所述出口，所述出口切向地设置成所述沟槽的直接延续部分。

基于上述区别技术特征的确定，权利要求1保护的技术方案相对于证据3实际解决的技术问题是：如何进一步减小纤维材料在盘壳中的紊流流动。

关于上述区别技术特征：首先，从证据3附图2可看出，上述盘壳状结构的周向壳体构件分别与环e和环g的上下端之间具有一定深度的槽状空间，机器工作时部分原料不可避免地会旋入上述槽状空间，也就是说该槽状空间也能起到导引原料减少其在上述盘壳状结构中紊流流动的作用；其次，从证据3附图3中涡螺壳t的形状，结合本领域中涡螺壳的结构特点，本领域技术人员能够得出涡螺壳t的内底面与环e和环g的中心即机器的轴心之间的距离沿周向看连续增加；此外，本领域中磨浆盘通常都是对称分布的，进一步结合证据3的附图1中环e和环g的设置方式，本领域技术人员能够显而易见地得出，上述槽状空间的底面与轴心之间的距离沿周向看连续增加，且一直增加到原料从泄放支路u顶端排出机器的出口，该出口也切向地设置成上述槽状空间的直接延续部分。综上所述，本领域技术人员结合本领域的普通技术知识，能够从证据3显而易见地获得上述区别技术特征，并将其用于证据3，以进一步减小纤维材料在盘壳中的紊流流动。

因此，在证据3的基础上结合本领域的常规技术手段得到权利要求1保护的技术方案，对于本领域技术人员来说是显而易见的，权利要求1不具有实质性特点，不符合《专利法》第22条第3款有关创造性的规定。

（二）无效决定针对争议焦点问题的主要观点

1. 证据3附图中是否公开涉案专利的“泄放阀”

合议组认为，证据3中的分配阀或旋塞v与涉案专利的泄放阀设置的位置和所起的作用均相同，理由为：证据3的分配阀或旋塞v是可以手动调节的，且其中文译文第3页第8—12行记载了“或者，通过连续流过机器，不分内部循环或外部循环，并使用较低的浓度，即可进行极大量的纤维切割”，可见，分配阀或旋塞v可以调节成只进行内循环或只进行外循环，当分配阀或旋塞v调节成让处理过的原料只从顶端的出口流出机器外部时，其和涉案专利的泄放阀所起的作用完全相同。

2. 证据3附图中是否公开涉案专利的“沟槽”

合议组认为，本领域技术人员能够显而易见地确定证据3的上述槽状空间与涉案专利的沟槽结构和作用均相同，理由为：涉案专利权利要求1中仅限定了“沟槽”，并未限定沟槽是在盘壳原有壁厚的基础上挖出的，说明书也未具体说明，且专利权人在口头审理时当庭明确涉案专利的沟槽有很多种实施方式，例如圆形、矩形等，通过其凹沟形状的外形来收集浆料从而导引浆料的流动，而本领域技术人员能够显而易见地确定证据3的上述槽状空间同样也形成了凹沟形状的外形构造，在机器工作时同样也能收集原料从而引导原料的流动。

3. 涉案专利和证据3解决的技术问题是否相同

合议组认为，虽然证据3记载的要解决的技术问题是以同一个机器来实现现有技术中的打浆机和精磨机的功能，但其客观上公开了涉案专利权利要求1限定的大部分技术特征，并给出了相应的技术启示，本领域技术人员能够显而易见地确定其公开的机器的上述盘壳状结构能够在原料被处理时客观上引导原料的流动，起到减小浆料紊流流动的作用，其客观上能够解决涉案专利相同的技术问题，这并不存在技术障碍。

（三）（2022）京73行初11095号行政判决书相应观点

1. 被诉决定是否遗漏了区别技术特征（对应上述无效决定观点1）

原告主张，涉案专利权利要求1与证据3还存在以下区别技术特征，即“并且所述出口（8）设有用于控制流出所述盘壳（3）的流动的泄放阀（9），所述阀（9）具有就在所述沟槽（10）的沿径向所见外部的前方的可调节开口（11）”。对此法院认为，涉案专利中的泄放阀具有位于沟槽的径向可见外部的前方的可调节开口，其隐含了泄放阀位于沟槽的径向可见外部的前方，即出口的外部。证据3中的可手动调节的分配阀或旋塞v位于出口与管道w的交叉处（参见证据3附图4），当其仅导通泄放支路u与出口时，所起的作用与涉案专利中泄放阀的作用相同，但设置位置并不相同。因此，证据3未公开原告主张的上述特征。

对于涉案专利权利要求1与证据3存在的上述区别技术特征，法院认为，在磨浆领域，不带有循环管路的盘型磨浆机也是常用的磨浆机。对于不设置循环管路的磨浆机，在出口外部设置带有可调节开口的泄放阀，以调节排出浆料的流量及盘壳内的压力，属于本领域的常规技术手段。根据盘壳的结构特点，将可调节开口设置在沟槽的径向所见外部的前方，从而便于浆料沿着沟槽顺畅地流向可调节开口，也是本领域技术人员容易想到的，属于本领域的常规设置。

2. 证据3是否公开了涉案专利的沟槽(对应上述无效决定观点2)

被诉决定认为权利要求1与证据3的区别在于,沟槽的设置及出口与沟槽的位置关系。对于该区别技术特征,法院认为,证据3公开了原料通过各个圆盘之间的通道进入配置有切向泄放支路的涡螺壳,这提供了线型流动,从而确保高流速和纤维处理(参见中文译文第1页第21—24行);待处理的原料被输送到环e、环g,并通过两环之间的通道输送到外壳的涡螺壳里,从而输送到壳上的切向泄放支路。从附图4可看出切向泄放支路u的上部具有用于泄放原料的出口,从附图1可看出外壳h与涡螺壳t共同构成涉案专利的盘壳,且涡螺壳t为深度变化的沟槽结构,即公开了盘壳的内部沿着其周缘形成有沟槽。结合附图1、4可看出沟槽结构沿周向看具有连续增加的半轻,且增加的半径一直增加到出口,出口切向地设置成沟槽结构的直接延续部分。证据3的涡螺壳t为半径(深度)连续增加的沟槽结构,为原料提供了线型流动,显然其能够减小原料的紊流流动,从而降低磨浆机的能耗,减少盘壳磨损并降低纤维积聚和发生阻塞的危险,与涉案专利"沟槽"的位置、形状及作用均相同。因此,证据3公开了权利要求1中的技术特征"所述盘壳(3)的内部沿着其周缘形成有沟槽(10),该沟槽(10)沿周向看具有连续增加的半径,且该增加的半径一直增加到所述出口(8),所述出口(8)切向地设置成所述沟槽(10)的直接延续部分"。被告对此认定有误,法院予以指正。

五、复盘与总结

(一)在没有文字说明的情况下,附图公开的技术特征的确定

本案中,证据3的附图是否公开了"泄放阀"和"沟槽"两个技术特征,是主要的争议点。虽然无效宣告决定和行政诉讼一审判决的结论是相同的,即涉案专利的全部权利要求不具备创造性,但是,从上述文书观点可见,其具体认定不同。对于泄放阀,无效决定认为,其位置、功能均相同,而行政诉

讼一审认为，其功能相同但位置不同，应为区别技术特征。对于沟槽，无效决定认定为区别技术特征，而行政诉讼一审认定其已经公开。

由此可见，在没有文字说明的情况下，附图公开的技术特征的确定，是事实认定中的难点。虽然《专利审查指南》明确规定其标准为“直接地、毫无疑义地确定”，但是在实践中，案件具体的情况千差万别，判断主体需要结合具体案情进行细致的分析，通过多种方式证明、展示附图具体公开的特征。

（二）对争议问题锲而不舍地努力和寻找证据

本案的突破点是对涉案专利提起无效宣告请求，无效宣告请求的突破点是证据检索。通过深入检索证据，本案提交了 8 份专利证据，形成了两套较有说服力的证据组合。并且对于争议的焦点问题，进行了公知常识举证，提交了 4 份公知常识证据。

以上证据从多方面有力地支撑了无效宣告请求人的观点。最终，恒都团队以自己过硬的专业素质、为客户高度负责的工作态度、严谨高效的工作作风，为某机械公司赢得了胜利。

（三）做好庭审准备，为法官提供庭审便利

本案的关键证据，仅有附图公开了相关的技术特征。为方便合议组、法庭理解争议焦点和我方观点，恒都团队与客户团队通力合作，基于涉案专利的说明书附图和证据 3 的说明书附图，制作了对应的 3D 模型，对 3D 模型对应的部分，进行相同的着色。3D 模型直观地向合议庭、法庭展现了涉案专利与证据 3 之间的技术特征对应关系，让审判者短时、高效地了解我们的代理意见，从而促成良好的庭审效果。

尊重客观事实，通过调解快速解决争议

——某汽车股份公司与某株式会社之间的发明专利权侵权纠纷案*

一、案件焦点

本案涉及汽车部分结构的发明专利，在其过程中主要包括三个焦点问题：

1. 所涉后背门结构及车辆装饰物是否构成侵权；

2. 赔偿数额计算方式；

3. 和解结案的实际操作。

在整个案件过程中，双方持续进行协商，最终达成和解并由法院制作民事调解书，这一纠纷解决方式减少了客户的损失，对相关类案具有重要的参考价值。

二、案件概况

(一)案件当事人

原告：某株式会社

被告一：某汽车股份公司(以下简称某汽车公司)

被告二：北京某汽车销售中心(以下简称北京某中心)

案件性质：发明专利侵权诉讼

---

* 本案被最高人民法院收录为2018年中国法院十大知识产权案件。

裁判文书：(2017)京73民初1569、1570号

涉案专利：ZL200710008273.0，车辆的后部车门结构；ZL200710161631.1，车辆的装饰物安装结构

(二)案件过程

本案经历了专利无效阶段、管辖权异议阶段、侵权纠纷一审阶段、调解结案阶段。

专利无效阶段：某汽车公司提供了一系列专利文献及公开出版物作为主要证据，其公开日均早于涉案专利的申请日，将某株式会社名称为“车辆的后部车门结构”的发明专利权宣告部分无效。

管辖权异议阶段：某汽车公司在提交答辩状期间，对管辖权提出异议，认为应将本案移送至河北省石家庄市中级人民法院进行管辖并审理。北京知识产权法院认为本案两被告被控销售的侵权行为地在北京市，且北京某中心的住所地在北京市，故本案属该院管辖范围。后某汽车公司向北京市高级人民法院提出管辖权异议上诉，二审仍驳回管辖权异议。

专利侵权诉讼一审阶段：双方当事人就下述争议焦点在庭上充分表达了自己的观点，并进行了激烈的辩论：权利要求的解释，涉案产品是否具备涉案专利所记载的“V字形”结构、“伸出方向”、“定位卡定装置”、“止动部”等技术特征，损害赔偿数额的计算标准，等等。

(三)基本案情

2017年8月23日，北京知识产权法院立案受理某株式会社指控某汽车公司哈弗H6后背门及车顶装饰物、车窗装饰物侵犯其两项发明专利权的专利侵权案件，要求某汽车公司停止生产、销售等行为，并赔偿2214万元经济损失。

2017年10月20日，某汽车公司向北京知识产权法院提出管辖异议要求将管辖权移送到石家庄市中级人民法院。2018年1月22日，一审法院驳回异议。某汽车公司不服，向北京市高级人民法院提起上诉，仍要求将管辖权移送至石家庄市中级人民法院。2018年11月26日，二审法院判决驳回

管辖异议,案件仍由北京市知识产权法院管辖。

与此同时,2017 年 10 月 20 日,某汽车公司向原国家知识产权局专利复审委员会提出专利无效申请,认为涉案后车门专利不符合 2000 年《专利法》第 22 条第 3 款的规定。主要证据为一系列公开日早于涉案专利申请日的专利文献及公开出版物。

2018 年 6 月 21 日,原国家知识产权局专利复审委员会作出第 36251 号无效宣告请求审查决定书,认定涉案专利部分不符合 2000 年《专利法》第 22 条第 3 款的规定,宣告涉案专利部分无效,主要理由为"冲压成形为本领域常规的一体成形方法,横梁是汽车领域的常规加强构件,而根据生产工艺、成本等具体因素选择一体式或是分体安装的方法设置横梁对本领域技术人员而言是容易想到的,因此部分权利要求不具备创造性,不符合专利法第 22 条第 3 款的规定"。某株式会社不服上述无效决定,2018 年 10 月 17 日向北京知识产权法院提起行政诉讼一审。

2018 年 7 月 13 日,原国家知识产权局专利复审委员会决定维持车辆(车顶、车窗)装饰物专利权有效;2018 年 9 月 27 日,某汽车公司不服该决定,提起行政诉讼。

2019 年 5 月 31 日,北京知识产权法院召开了庭前会议,组织当事人双方交换证据。2019 年 6 月 20 日,北京知识产权法院对发明专利权侵权诉讼进行一审开庭审理。

2019 年 11 月,在合议庭的主持下,双方企业高管和代理律师到北京知识产权法院就调解首次初步接洽。2020 年 1 月至 4 月,结合疫情期间的工作特点,合议庭线上引导调解工作,双方进入良性谈判阶段。2020 年 5 月至 6 月,双方就调解达成实质进展,在合议庭的指导下,就和解协议的具体条款进行磋商。

2020 年 6 月 28 日,通过北京知识产权法院互联网法庭,某株式会社与某汽车公司正式线上签署调解协议,北京知识产权法院于当日出具调解书结案。

三、办案手记

恒都律师事务所接受客户委托后,迅速组成了专业的律师团队全面分析案情并制作了案情简报。经过多次讨论,恒都团队确定了需要评估的主要问题,包括哈弗 H6 汽车相关结构与某株式会社专利的结构近似性具体比对、关于举证责任的分配、赔偿数额的计算方式等几个重要争议点,并有针对性地制定诉讼方案,逐步落实诉讼策略。

恒都团队建议提出"涉案专利的权利要求中对于横梁延伸方向限定不清楚,导致以延伸方向为参考的正交方向、伸出方向不确定"的主张,以达到使专利权人对其权利要求的范围进行解释的目的。在专利权人确定其主张的前述方向后,恒都团队利用无效阶段专利权人的自认,论述横梁的特征不相同也不等同,被诉产品中横梁的伸出方向与权利要求限定不同。专利权人在无效阶段的这一自认对于某汽车公司作出不侵权抗辩是有利的,恒都律师团队在庭后意见中结合口审笔录证据对此抗辩点进行了强化。

对于涉案后部车门专利,经恒都团队深入分析,该涉案发明的发明目的在于使车后门横梁伸出方向(或横梁冲压方向)与车门打开关闭的旋转圆切线方向平行。对某汽车公司的被诉侵权产品进行剖析比对,可发现其特征与涉案专利权利要求 6 中的特征既不相同又不等同。某株式会社主张的某汽车公司的被诉侵权产品对应于加强部的结构为梯形,并且梯形的较短边的长度约为车门宽度的一半,该形状与"V 字形"为完全不同的形状。涉案专利维持权利要求 6 有效是因为其对现有技术的贡献在于将横梁的伸出方向设置为与旋转圆切线方向相同。因此,恒都团队提出主张:某株式会社不能将被诉后部车门具有伸出方向和旋转圆切线方向不同的横梁纳入权利要求 6 的保护范围。

与此同时,恒都团队也针对涉案车顶装饰物专利权进行了解析:涉案专利使车顶装饰物和车窗装饰物中的任意一个首先与定位卡定装置卡定,据此实现,根据制造生产线的样式或其他方式来灵活地改变两装饰物的安装顺序。这一技术效果体现出,其发明目的在于提供一种能够灵活地改变车顶装饰物和车窗装饰物的安装顺序的安装结构。而某汽车公司被诉侵权产品无法调整车顶装饰条、车窗装饰条的安装顺序,不能实现涉案专利的上述发明目的,且不具备涉案专利权利要求1中的“定位卡定装置”这一功能性特征。

对于和解总金额的计算问题,某株式会社明确其主张赔偿的侵权行为时间是起诉日向前推两年。在为某汽车公司拟定和解方案的过程中,恒都团队综合考量了2015年9月至2017年8月起诉日、2017年9月至2019年11月两个阶段的4种H6车型的销量数据及与涉案专利的相关性,基于H6 coupe和全新H6自车型上市就未使用“后部车门”案和“车顶装饰物”案技术的证据,提出了应当仅计算H6升级版和H6运动版数量的两案和解金计算方案。律师团队对规避设计资料同时进行了收集和整理,以证明在侵权起诉之后某汽车公司不再采用涉案专利方案,故某株式会社不能主张增加侵权赔偿额。

与此同时,在庭后代理意见中,恒都团队指出某株式会社主张的涉案专利对整车的贡献率计算存在错误,汽车行业的零整比是领域内的常识,即汽车的所有零件的售价之和远高于汽车整体的售价。某株式会社以零部件价格总和、汽车售价的比例作为零部件对整车的贡献率,会导致计算结果明显偏高。涉案车顶、车窗装饰物专利是车辆的装饰性结构,与被诉侵权车辆的其他部件相比,其贡献率明显要低于其他部件的贡献率。

在双方和谈磋商过程中,恒都团队经分析向某汽车公司提出,预计调解初期会由争议双方分别单独与法官沟通,此阶段法官会促使双方作出让步,逐渐缩小分歧。在与法官沟通时,应多表述某汽车公司对知识产权的尊重、在技术研发上的投入、竞争中所面临的困难及为此所做的努力。考虑到本案时间长度及对方公司函件内容,和解或许仅限于本案涉及的两个专利,但恒都团队认为在此种情形下,可以借机启动双方的交叉许可谈判,从而达到一揽子解决双方的潜在专利争议的目的。

在后续规避设计分析中，恒都团队对于后车门规避设计方案重点指出，鉴于与横梁相关的方向特征是专利中的最关键特征，因此，可在设计中将横梁的方向参数设置成与专利中横梁具有较大差别，以降低后车门的整个设计产品的侵权可能性。

四、复盘与总结

（一）分块拆解思路在拟定和解金计算方案中的应用

在推进双方和解谈判的过程中，恒都团队多次打磨和解金计算方案，以求在最大限度减少客户损失的同时体现我方和解的诚意，力争高效地促成和解。本案和解金计算涉及不同车型、不同时期、不同被诉侵权车辆配件等因素，恒都团队对上述可划分因素进行了分类处理，纵横拆解交叉，将和解金计算网格化，通过“精细模块计算”以避免因将不涉及侵权的部分概括拟入而增加不必要的利益损失。

恒都团队以上述方式向客户提供了三种计算方案以供参考，同时分析了某株式会社在每种计算方案下可能得出的最高数字，以“所需最高和解金”数额向客户予以提示，以便客户同对方在底线及“所需最高和解金”之间寻求解决争议的平衡点。

（二）分块拆解思路在长线、多争议标的案件中的助力

本案从 2017 年 10 月北京知识产权法院发出应诉通知书，到 2020 年 6 月法院出具民事调解书，案件进程长达近 3 年。案件经历了专利无效、管辖权异议、一审开庭审理及双方在 3 年间不断地往来磋商。

北京知识产权法院开庭当天，本案的庭审持续了一整天，双方当事人就权利要求的解释、涉案产品是否具备涉案专利所记载的技术特征、损害赔偿数额的计算标准等争议焦点进行了充分且翔实的辩论。

在本案过程中，恒都团队积极应诉与寻求和解方案并行，将应对方案进行分块拆解，以实现效率与维护利益的最大化。

对于应诉方面，律师团队积极摸索涉案专利可无效性，通过方式审慎、

涉猎广泛的专利检索，找到一系列专利文献及公开出版物作为主要证据，将某株式会社的车辆的后部车门结构涉案发明专利权宣告部分无效，这为某汽车公司在双方协商和解过程中提供了重要的谈判筹码。

对于和解方面，恒都团队引导、促进某汽车公司团队积极回应对方的和谈意愿，持续以诚恳、开放的态度接洽，力求通过友好、务实的协商，寻求妥善解决问题、实现双赢局面的方案。为此，恒都团队在应诉所用材料的基础上，采用分块拆解思路为客户提供了三种和解金额计算方案及对应依据，为客户前去和谈提供了切实有效的理论支持。

（三）和解是解决诉讼的"另一种角度"

某株式会社是日本知名车企，其在中国申请并获得了多项汽车相关装置构造的发明专利授权。某汽车公司是中国最大的 SUV 制造企业，在技术研发上坚持注重有效研发，同时严格遵守国际知识产权规则，对所有同行的知识产权给予极大的尊重。

本案调解期间遭遇新冠肺炎疫情全球暴发，时值全球汽车市场的寒冬，身为中日两国知名车企，双方通过线上视频、电话沟通等方式持续开展调解工作。恒都团队在本案中以出色的专业素质，专注负责、细致入微的工作态度与作风，为客户应对侵权风波提供了多方位、多元化的策略支持，在最大限度上维护客户企业利益，实现以智化风波、以法促商谈的最好结果，为客户最终同某株式会社达成理想的和解结果付出了不懈努力。双方在调解过程中都展现出极大的和解意向，通过和解实质性地解决了双方在诉的专利民事侵权、无效行政诉讼纠纷，使双方从对簿公堂走向合作共赢，实现了司法调解化纠纷、促合作的一次成功尝试。

功能性特征的认定在专利权侵权二审逆胜中起到了关键作用

——徐州某工程设备有限公司与某机械科技有限公司的发明专利权侵权纠纷案

一、案件焦点

本案是最高人民法院民事二审改判案件，涉及两个典型的法律问题：

1. 产品专利包含使用方法特征，是否应以使用状态下的被诉侵权产品进行技术比对；

2. 功能性特征的认定。

最高人民法院的二审裁判观点为上述两个法律问题提供了答案，具有借鉴意义。

二、案件概况

（一）案件当事人

上诉人（原审原告）：徐州某工程设备有限公司（以下简称某设备公司）

被上诉人（原审被告）：徐州某机械科技有限公司（以下简称某机械公司）

案件性质：侵害发明专利权纠纷二审

裁判文书：（2022）最高法知民终170号

涉案专利：ZL201210155005.2，液压打桩机的打拔桩机头

（二）案件过程

一审阶段：某设备公司在南京市中级人民法院起诉某机械公司侵害发明专利权，南京市中级人民法院作出（2020）苏01民初3170号民事判决书，认定被诉侵权产品不落入涉案专利的保护范围，驳回某设备公司的全部诉讼请求。

二审阶段：某设备公司委托恒都团队上诉于最高人民法院，最终最高人民法院作出（2022）最高法知民终170号民事判决书，改判侵权，撤销了一审判决，全部支持某设备公司的诉讼请求。恒都律师团队为某设备公司取得了案件的逆胜。

（三）基本案情

一审判决认定被诉侵权产品不落入涉案专利的保护范围，主要是因为以下两方面的观点。

1. 关于方法特征的技术比对

涉案专利权利要求1是产品权利要求，保护的是一种液压打桩机的打拔桩机头，除了结构特征之外，还包含使用方法特征"打拔桩的方法：打桩时……；拔桩时……"。

原告的证据反映了产品的结构特征，也有拔桩视频反映"拔桩时……"的方法特征，但没有"打桩时"的视频。

一审判决认定证据没有反映打桩机打桩时的工作状态，与涉案专利中的方法技术特征无法进行比对。

2. 关于功能性特征的认定

涉案专利权利要求的结构如下（某设备公司主张权利要求1和5）：

（1）一种液压打桩机的打拔桩机头，其特征是：该打拔桩机头包括……拔桩板与拔桩器连接；

打拔桩的方法：打桩时……；拔桩时，……拔桩板另一端的销孔通过老虎卡与拔桩锥杆活动连接，拔桩锥套与拔桩锥杆均有锥度……

（2）根据权利要求1所述的液压打桩机的打拔桩机头，其特征是：所述的拔桩器包括……

(3)根据权利要求1所述的液压打桩机的打拔桩机头,其特征是,所述的拔桩器……

(4)根据权利要求1所述的液压打桩机的打拔桩机头,其特征是:所述的拔桩器……

(5)根据权利要求1所述的液压打桩机的打拔桩机头,其特征是:……

权利要求1中仅出现了一次"拔桩器"字样,在权利要求1后面的限定中没有再出现"拔桩器"字样。

一审判决认为对于"拔桩器",本领域普通技术人员仅通过阅读权利要求1和5无法直接、明确地确定实现上述功能或者效果的具体实施方式,所以"拔桩器"是功能性特征,然后以说明书和附图来解释"拔桩器",认为拔桩器需要包括"销子"特征,而被诉侵权产品没有销子。

三、办案手记

面对一审判决中两方面的不利观点,恒都团队在二审过程中分别应对如下。

(一)关于方法特征的技术比对

在二审中,恒都团队主张:被诉产品具有相同的结构,打桩时的工作状态必然如权利要求1所限定;被诉产品同样为"打拔桩机头",必然能够打桩。并且,恒都团队提交了某机械公司官网的网页证据,以证明被诉产品既能"打桩",又能"拔桩"。

(二)关于功能性特征的认定

在二审中,恒都团队的主张与证据如下:

1. 权利要求1中"拔桩板另一端的销孔通过老虎卡与拔桩锥杆活动连接,拔桩锥套与拔桩锥杆均有锥度……"即是对"拔桩器"结构的具体限定,"拔桩器"的结构包括老虎卡、拔桩锥杆、拔桩锥套。

2. 即使"拔桩器"是功能性特征,"销子"也不是实现"拔桩"功能、效果所“不可缺少”的结构。

3. 提交了涉案专利无效审查决定，无效审查决定认定权利要求3、4中分别通过“所述的拔桩器……”和“所述的拔桩器……”替换了权利要求1中“老虎卡与拔桩锥杆活动连接，拔桩锥套与拔桩锥杆均有锥度……”的连接方式，形成了“拔桩器”的三种不同的连接方案。

4. 提交了指导性案例/最高人民法院知识产权法庭“第一槌”案件(2019)最高法知民终2号民事判决书和(2018)最高法民申1018号民事裁定书，关于“功能性特征”的认定，“拔桩器”不是功能性特征。

四、(2022)最高法知民终170号观点

(一)关于方法特征的技术比对

涉案专利为产品专利，权利要求1对于打、拔桩方法进行了描述，系以方法特征对产品的结构及位置关系进行的限定。产品专利采用使用方法特征的目的是更好地描述产品的结构、组分、位置关系等，使用方法本身并非产品专利的保护对象。本领域普通技术人员根据权利要求的描述，并通过阅读说明书及附图，能够确定涉案专利权利要求技术方案，无须将使用状态下的被诉侵权产品与涉案专利进行比对。根据涉案专利权利要求1对打、拔桩步骤的描述，以本领域普通技术人员的技术常识，完全能够了解涉案专利产品的工作原理并由此确定各部件的结构及位置关系。

(二)关于功能性特征的认定

首先，关于功能性特征的界定。《最高人民法院关于审理侵犯专利权纠纷案件应用法律若干问题的解释(二)》(以下简称《专利侵权解释(二)》)第8条第1款规定：“功能性特征，是指对于结构、组分、步骤、条件或其之间的关系等，通过其在发明创造中所起的功能或者效果进行限定的技术特征，但本领域普通技术人员仅通过阅读权利要求即可直接、明确地确定实现上述功能或者效果的具体实施方式的除外。”根据《专利侵权解释(二)》的规定，功能性特征是指不直接限定发明技术方案的结构、组分、步骤、条件或其之

间的关系等，而是通过其在发明创造中所起的功能或者效果对结构、组分、步骤、条件或其之间的关系等进行限定的技术特征。如果某个技术特征已经限定或者隐含了发明技术方案的特定结构、组分、步骤、条件或其之间的关系等，即使该技术特征还同时限定了其所实现的功能或者效果，原则上亦不属于《专利侵权解释（二）》所称的功能性特征，不应作为功能性特征进行侵权比对。

其次，关于涉案专利权利要求1中拔桩器的理解。本领域普通技术人员通过阅读涉案专利权利要求1中“拔桩板另一端的销孔通过老虎卡与拔桩锥杆活动连接，拔桩锥套与拔桩锥杆均有锥度，拔桩时越拉越紧，拔桩板利用液压锤钎杆的冲击力，将管子拔出”的记载，结合涉案专利说明书及附图4示出的涉案专利拔桩状态的结构，可以确定由老虎卡、拔桩锥杆、拔桩锥套组成的结构，即可实现拔桩功能。因此，涉案专利所限定的拔桩器，虽在名称中有关于功能的表述，但仍属于结构特征，不属于《专利侵权解释（二）》所规定的功能性特征。

最后，根据涉案专利权利要求书的记载，权利要求2、3、4均系在权利要求1的基础上，对拔桩器结构的进一步限定，但在将被诉侵权产品与涉案专利独立权利要求进行比对时，不能将从属权利要求中增加的技术特征与被诉侵权产品进行比对。涉案专利权利要求2对于拔桩器增加了销子的设置，从技术效果上看，能够起到加固拔桩锥套与管子的连接，防止拔桩锥套从管子中脱落的效果，被诉侵权产品在对应位置上没有设置销子，但并不影响拔桩功能的实现，仍然落入涉案专利权利要求1的保护范围。

五、复盘与总结

（一）关于方法特征的技术比对

最高人民法院指出，本领域普通技术人员在根据权利要求的描述，并通过阅读说明书及附图，能够确定涉案专利权利要求技术方案的情况下，无须将使用状态下的被诉侵权产品与涉案专利进行比对。

这对于包含方法特征的产品专利的权利人的取证与维权是有利的，也为将来类似案件的裁判提供了指引。

（二）关于功能性特征的认定

在侵权程序中，如果某个特征被认定为功能性特征，则在进行侵权比对时需要结合说明书及附图的实施例来解释该特征，被认定为功能性特征后，其权利要求的范围缩小，此种情况对专利权人不利。

因此，专利权人要避免专利中的技术特征被认定为功能性特征；侵权方可以考虑通过将某个技术特征认定为功能性特征，而使被诉产品不落入涉案专利保护范围。

（三）通过无效决定来支持对权利要求解释的主张

为了支持"拔桩器不是功能性特征"的主张，恒都团队仔细阅读了涉案专利的无效决定，发现在关于《专利法》第26条第4款的决定理由部分，存在相关认定可以支持前述主张，于是提交了无效决定作为证据，最终获得了有利的结果。

当事人对于权利要求的解释进行主张，如果仅论述理由，可能显得单薄，如果能够有证据予以支撑，尤其是国家知识产权局作出的相关认定，则更有可能得到支持。

铭牌丢失后侵权产品来源的认定

——江苏某补偿器科技有限公司与江苏某管件有限公司的发明专利权侵权纠纷案

一、案件焦点

本案涉及管道用耐高压旋转补偿器的发明专利,在其裁判过程中主要的焦点问题包括:

1. 本案被诉侵权产品是否来源于某管件公司;

2. 被诉侵权技术方案是否落入涉案专利权的保护范围及侵权责任承担。

二审判决中对上述焦点问题的认定对相关类案具有借鉴意义。

二、案件概况

(一)案件当事人

上诉人(一审原告):江苏某补偿器科技有限公司(以下简称某科技公司)

被上诉人(一审被告):江苏某管件有限公司(以下简称某管件公司)、河南省某建筑工程有限公司(以下简称某建筑公司)

案件性质:侵害发明专利权纠纷二审

裁判文书:(2021)最高法知民终 1397 号

涉案专利:ZL200610041301. 4,管道用耐高压旋转补偿器

（二）案件过程

本案经历了侵害发明专利权纠纷一审、二审阶段。

侵害发明专利权纠纷一审阶段：一审阶段江苏省南京市中级人民法院依据某科技公司提交的证据，认定事实不符、信息缺失、技术特征不相同，进而判定不能证明被诉侵权产品系某管件公司制造的，且判定其未落入涉案专利权利要求的保护范围，驳回某科技公司的全部诉讼请求。

侵害发明专利权纠纷二审阶段：最高人民法院二审判决撤销江苏省南京市中级人民法院（2019）苏 01 知民初 2003 号民事判决，要求某管件公司自判决生效之日起停止侵害某科技公司的发明专利权，并在 10 日内赔偿某科技公司经济损失和合理开支合计 28 万元。

（三）基本案情

2019 年 7 月 12 日，一审江苏省南京市中级人民法院针对该案予以立案受理，某科技公司认为某建筑公司向某管件公司采购的，由某管件公司制造、销售、许诺销售的旋转补偿器（以下简称被诉侵权产品）落入某科技公司 ZL200610041301. 4 专利权的保护范围，构成侵犯涉案专利权。

2021 年 4 月 26 日，一审江苏省南京市中级人民法院作出（2019）苏 01 知民初 2003 号民事判决，依据产品实际数量与记载数量不同、无铭牌信息、事实有偏差，进而判定不能证明被诉侵权产品系某管件公司制造的；通过分析被诉侵权产品的加压渗漏结果，判定被诉侵权产品在与原告涉案发明专利记载的密封件相对应的位置安装的金属环未起到该专利记载的密封件的技术功能和效果，二者技术特征不相同、不等同，故其未落入涉案专利权利要求的保护范围，驳回某科技公司的全部诉讼请求。

某科技公司不服上述民事判决，向最高人民法院提起上诉。最高人民法院于 2021 年 7 月 21 日立案，2022 年 3 月 25 日作出判决，认定某科技公司上诉请求部分成立；认定被诉侵权产品在外观形状、内部结构上具有一致性，其数量与封存情况解释合理、并无异常；被诉侵权产品技术特征与涉案专利相同，耐压性差是由于本身存在质量缺陷，从而最终认定被诉侵权产品来源于某管件公司，且落入涉案专利的保护范围，撤销一审法院(2019)苏01知民初2003号民事判决，判决被上诉人某管件公司停止侵害行为并赔偿上诉人经济损失以及合理支出共计28万元。

三、办案手记

恒都律师事务所接受客户委托后，根据客户需求以及结合涉案专利所属技术领域组成了专业的律师团队，对一审程序全部材料进行了全面分析，经过多次讨论，最终确定二审诉讼的方向性意见：包括被诉侵权产品应当从数量、外形、过往勘验结果等方面证明其系某管件公司生产的高度盖然性，一审法院判决片面，不应把警方未深入侦查作为该批次产品来源不清楚的理由；一审法院法律适用错误，在我方已经初步举证的情况下应当继续要求补证而非以此说明证据不足；被诉侵权产品自身质量不合格等理由。并相应地制定诉讼方案，以达成诉讼目标。

本案一审程序受阻，南京市中级人民法院以鉴定数量与《产品买卖合同》登记数量不一致、产品上铭牌缺失、某科技公司封存和保管措施不当等理由认为某科技公司提交的证据不足以证明被诉侵权产品系某管件公司制造并销售给某建筑公司的。此外，其认为被诉侵权产品不包含与涉案发明专利说明书所记载的"耐高压""密封效果会随着温度和压力的升高而增强"等相同或等同的技术特征，因而被诉侵权产品未落入涉案专利保护范围，客户诉讼请求被驳回。

对此，为了推翻一审法院的判决认定，恒都律师一方面梳理本案一审判决证据，另一方面在本案二审程序中与南京某专利代理公司相互配合、充分沟通，针对争议焦点准备了充分的上诉理由和完整的、具有高度盖然性的证据链，证明被诉侵权产品系某管件公司制造的，且应当受涉案专利保护；同时在某管件公司发起的确权行政诉讼程序中积极应对，在行政二审程序中使涉案专利被维持有效。

最终，我方观点得到法院支持，最高人民法院认定被诉侵权产品系某管件公司的产品且应受涉案专利保护，于是撤销了一审判决，判决某管件公司停止侵权并赔偿损失，我方在民事侵权诉讼中获得二审逆胜，维护了客户的合法权益。

四、(2021)最高法知民终1397号判决观点

最高人民法院二审判决主要观点如下。

(一)关于本案被诉侵权产品是否来源于某管件公司

首先，各方均确认，某建筑公司曾于2014年底向某管件公司购买了186件旋转补偿器。目前在案被诉侵权产品的外观形状亦与某管件公司交付产品的外观形状完全一致。某建筑公司确认其购买的被诉侵权产品一直存放于其收货地点，即河南省新郑市热电厂小车班院内，目前存放在该地点的旋转补偿器产品上的铭牌虽已丢失，但系其从某管件公司购买的产品。

其次，在某管件公司交货之初，某建筑公司即发现某管件公司所交付的产品质量不符合双方合同的约定，向河南省新郑市工商行政管理局报案，后该局移交河南省新郑市公安局处理。其间河南省新郑市工商行政管理局和河南省新郑市公安局先后委托鉴定机构对该批货物进行了抽样鉴定，鉴定意见均为产品质量不符合合同约定，主要问题在于产品制造工艺并非锻造而系焊接的，此与原审法院现场勘验过程中经切割可见位于内外凸台之间的金属环上有不平整的焊接点的勘验情况相符。尤其是，对于切割后反映的被诉侵权产品的内部结构，某管件公司并未提出质疑或反证，也即某管件公司认可目前在案的被诉侵权产品在产品内部结构上与其销售给某建筑公司的产品一致。

再次，某科技公司提供了可供侵权比对的被诉侵权产品，已经完成了初步举证责任；而某管件公司仅以产品上铭牌丢失为由主张被诉侵权产品来源不明，并未提供任何证据，且该主张不合常理，不足为信。(1)涉案被诉侵权产品数量多且体积和重量较大，客观上难以搬运并替换。(2)关于铭牌丢失的问题。河南省郑州市中级人民法院现场勘验笔录记载，该院于2019年

4 月 3 日在存放被诉侵权产品的地点主持进行了现场勘验，当时被诉侵权产品上均可见某管件公司的铭牌。此后才发生铭牌失窃事件。第 442 号公证书所附现场照片显示，旋转补偿器普遍锈迹斑斑，甚至出现因锈蚀而破损的情况，产品上没有铭牌，但原本铭牌的位置留下明显的长方形铭牌大小的锈痕，物品的状态符合多年露天放置后可能出现的样态。而且，某管件公司并未主张被切割勘验的被诉侵权产品与其销售给某建筑公司的产品外观及内部结构不同。而制造出与某管件公司产品外形、内部构造一致且展现出露天存放多年样态的产品用以替换某管件公司的产品，不但难度高、耗资大，就专利侵权诉讼而言，也显然对技术特征比对并进而对侵权判定并无影响。虽然发生了被诉侵权产品上铭牌失窃的情况，但铭牌失窃并不利于某科技公司实现其诉讼目的，且因被诉侵权产品存放于某建筑公司指定的收货地点，发生失窃事件亦不利于某建筑公司因该批产品的质量问题向某管件公司进行索赔，处理两公司之间的买卖合同纠纷。常理分析，某科技公司与某建筑公司不具有相互串通用一批无铭牌产品替换某管件公司交付产品的动机。(3)本案并无证据反映某科技公司与某建筑公司存在串通行为，某管件公司亦未就此提交证据或提供线索。某建筑公司提供的其与案外人江苏天目建设集团有限公司于 2014 年 11 月 16 日签订的《建筑工程施工及物资采购合同》，明确约定其中“二标段”的旋转补偿器的规格型号、压力、材质、数量以及结构选型的要求(本管网工程选型为目前最先进可靠的 SZG - 系列耐高压自密封旋转补偿器。产品结构为双重密封，一为环面密封，二为刚柔复合端面密封)、产品结构[主要部件有密封座(密封座必须为二级锻钢整体打造，严禁拼接，避免应力集中)、密封压盖、异径管、环面密封材料、旋转筒体、紧固件等部件组成，均需整体锻件加工]，与某建筑公司、某管件公司签订的涉案买卖合同中采购产品的规格型号、压力、材质、数量、结构选型要求、产品结构等信息完全一致。而且，某建筑公司与某管件公司签订的涉案买卖合同中也明确记载，“2. 合同标的(二标段)2. 1 本合同标的是卖方为买方二标段供应的热网产品(设备)”。进一步而言，无论某建筑公司是否基于真实的交易目的从某管件公司购买被诉侵权产品,均对本案技术特征的比对进而对侵权判定结论不会产生实质影响。

最后,原审判决认定本案被诉侵权产品来源不明的理由均不能成立。(1)关于被诉侵权产品数量。某建筑公司购买的186件旋转补偿器,其中9件旋转补偿器于2015年2月被河南省新郑市工商行政管理局委托送交西安一鉴定机构进行鉴定,剩余177件旋转补偿器一直被露天放置于某建筑公司指定的收货地点,即河南省新郑市热电厂小车班院内,此与2015年12月河南省新郑市公安局委托天津鉴定中心进行现场鉴定,确认鉴定物的实际数量为177台(套)相吻合。(2)关于被诉侵权产品的封存情况。某建筑公司向河南省新郑市工商行政管理局报案后,该局于2015年1月对被诉侵权产品进行了封存,照片显示封存方式为在旋转补偿器的管径口贴上封条,但因被诉侵权产品一直置于露天存放,纸质封条经长期风吹日晒雨淋,客观上难以完整保存。(3)关于被诉侵权产品上无铭牌以及某建筑公司是否为实际工程需要从某管件公司购买产品等情况,前已述及,不能以此作为否定本案被诉侵权产品来源的事实根据。

综合上述因素,虽然目前在案的被诉侵权产品上没有某管件公司的铭牌,但足以认定被诉侵权产品来源于某管件公司。原审判决对此认定有误,法院予以纠正。

(二)侵权判定及责任承担

首先,关于金属环是否相当于涉案专利的端面密封件。法院经审查认为,被诉侵权产品中的金属环相当于涉案专利的端面密封件,与涉案专利构成相同技术特征。理由是:其一,涉案专利权利要求1并未对端面密封件的形状作出限定。根据涉案专利权利要求1记载的内容,端面密封件存在于由密封座内表面、芯管外表面以及环形外凸台、环形内凸台的侧面形成的密封腔内。结合涉案专利说明书中"背景技术"和"发明部分"的记载可知,该端面密封件系涉案专利的发明点,"通过增加一主要起端面密封作用的密封装置6(即端面密封件)使高温高压介质无法通过芯管的外表面进入现有的环面密封4处”。可见，在采用现有技术即仅使用环面密封难以避免端面泄露的情况下，涉案专利通过在密封腔内增加一端面密封件，实现了更好的密封效果。经现场勘验切割可见，被诉侵权产品在结构上与涉案专利基本一致，金属环位于由密封座内表面、芯管外表面以及环形外凸台、环形内凸台的侧面形成的密封腔内，在温度、压力增高时，焊点平整、质量合格、截面为圆形的金属环亦能与密封腔的内侧壁贴合，形成线切密封或者弧面密封，具有端面密封作用。其二，某管件公司提出，金属环相当于现有技术方案中的滚珠，该主张不能成立。(1)某管件公司与某建筑公司签订的买卖合同中，对旋转补偿器的具体密封结构明确约定为“产品结构为双重密封，一为环面密封，二为刚柔复合端面密封”，依据合同约定，被诉侵权产品应具备端面密封结构。(2)某管件公司名称为“用于旋转补偿器的端面密封结构及旋转补偿器”、专利号为201510741363.5的自有专利中，在密封腔内设置端面密封滑动环，环形外凸台与环形内凸台与端面密封环的接触面上各开有一道环形V形槽。该专利说明书“背景技术”部分记载，该专利系在涉案专利基础上进行的技术改进，主要致力于解决密封件易于磨损的问题；“发明内容”部分记载，在旋转补偿器承受内压时，环形内凸台和环形外凸台因内压推力紧紧压在端面密封滑动环上，滑动环与两凸台的接触面积较小，在内压推力相同的情况下，受力面积越小，压强越大，因此密封效果更好。端面密封滑动环只在两凸台的V形槽内滑动，同时起到磨合的作用，密封效果会越用越好。据此可知，某管件公司自有专利技术中，亦将内外凸台之间的端面密封件设置为金属环。因此，设置于密封腔内的金属环具备端面密封件的功能。其三，原审判决认为，被诉侵权产品在加水压至4.0MPa时即发生泄漏，加水压从4.0MPa—6.0MPa始终处于泄漏状态，并未达到涉案专利说明书记载的“密封效果会随着温度和压力的升高而增强”的技术效果，据此认为被诉侵权技术方案未落入涉案专利权利要求的保护范围。对此法院认为，由在案证据可知，被诉侵权产品本身存在质量缺陷，金属环的焊接工艺差，焊点不平整，导致存在泄漏点，在高压下难以实现密封效果，且被诉侵权产品本身系钢铁制品，在露天存放多年，锈蚀也可能会影响其实际功能。被诉侵权产品虽未能实际达到涉案专利所声称的技术效果，但因完整实施了涉案专利权利要求 1 的技术方案，不影响被诉侵权技术方案落入涉案专利权利要求 1 的保护范围的认定。

其次，关于被诉侵权产品是否具备密封腔大小基本不变的技术特征。关于涉案专利权利要求 1 所限定的“密封腔大小基本不变”这一的技术特征如何解释的问题，在（2021）最高法民申 3831 号民事裁定书中已有明确阐述，即只有在密封腔处于正常工作状态下考量其空间大小才有实际意义，这也是解释涉案专利权利要求 1 中“密封腔空间大小”，并将其与被诉侵权产品进行比对的必要前提。而依据旋转补偿器的正常工作原理，在临界压力之下的正常工作状态下，端面密封件需保持相对稳定的体积和形状，在内外凸台的挤压下仅产生非常微小的形变，保持密封腔大小基本不变。密封腔大小基本不变是旋转补偿器正常工作状态下实现端面密封效果所必然具备的技术特征，该技术特征是由密封腔及端面密封件的结构所决定的，否则意味着端面密封件的损坏和旋转补偿器的非正常工作状态。

需进一步明确的是，本案中，某建筑公司采购的 186 件旋转补偿器中，包括 10 件 4. 2MPa 的产品和 176 件 2. 5MPa 的产品。原审中对被诉侵权产品进行现场勘验所切割的产品是 4. 2MPa 的产品。依据该次现场勘验的比对结果，能够证明 4. 2MPa 的被诉侵权产品落入涉案专利权利要求 1 的保护范围，但因无法证明 2. 5MPa 的产品具备与涉案专利相同的结构特征，基于不同的耐压要求，存在旋转补偿器内部结构不同的可能。因此，法院认为，基于已查明的事实，仅能认定 4. 2MPa 的被诉侵权产品的技术方案落入涉案专利权的保护范围。

综上，被诉侵权技术方案具备与涉案专利权利要求 1 的技术方案相同的全部技术特征，落入涉案专利权利要求 1 的保护范围。某管件公司未经专利权人某科技公司许可，制造、销售被诉侵权产品的行为侵害了某科技公司的专利权，应当承担相应的侵权赔偿责任。

关于侵权赔偿数额的确定。某科技公司主张以其参与投标涉案项目的金额300余万元,乘以30%的利润率进行计算,据此主张赔偿90万元经济损失和4万元合理开支。某管件公司则认为,某科技公司不可能从虚构工程中实际获利,因此并无实际损失,且其基于与某建筑公司的合同也并未实际获利。对此,法院认为,专利侵权损害赔偿并不以权利人实际遭受损失或者侵权人实际获利作为赔偿前提,侵权行为本身不仅客观上可能造成权利人经济利益的损失,也会削弱权利人的竞争能力和减损权利人的获利机会。故某管件公司是否实际从与某建筑公司的交易中获利,并不影响其应当承担赔偿损失责任。本案中可以认定构成侵权的仅限于10台4.2MPa的被诉侵权产品。某科技公司的报价单显示,其对10台4.2MPa旋转补偿器的报价共计为80余万元。综合本案已有证据情况,并综合考虑涉案专利类型为发明专利、被诉侵权行为包括制造和销售、某管件公司对涉案专利技术方案主观上系明知、某科技公司所提其产品利润率并非明显不合理且提供了相应证据予以证明等因素,某科技公司主张的赔偿计算方式应予支持,即以其参与投标的产品的金额与利润率的乘积计算,某管件公司应赔偿某科技公司经济损失24万元(80万元×30%)。关于合理开支部分,考虑本案历经多年诉讼,某科技公司聘请律师参与诉讼的实际情况,对某科技公司主张的合理开支4万元予以全额支持。

五、复盘与总结

(一)保全证据可能存在毁坏风险,盖然性需举证说明

在侵害发明专利权纠纷中,取得侵权产品并证明其是由对方制造、销售、许诺销售的,是通过专利权寻求损害赔偿的重要前提,也可以以此判断被诉侵权产品是否落入涉案专利权利要求保护范围,否则便无从谈起对当事人合法权益的保护。本案一审阶段,一审法院依据产品实际数量与记载数量不同、无铭牌信息、事实有偏差,进而判定不能证明被诉侵权产品系某管件公司制造的,另外,片面地一再要求我方提供相关证据,最终导致事实

认定错误。

(二)应当以技术方案作为专利权判断标准

本案一审法院通过分析被诉侵权产品的加压渗漏结果,判定被诉侵权产品在与原告涉案发明专利记载的密封件相对应的位置安装的金属环未起到该专利记载的密封件的技术功能和效果,二者技术特征不相同、不等同,故其未落入涉案专利权利要求的保护范围。二审法院则认为被诉侵权产品虽未能实际达到涉案专利所声称的技术效果,但因完整实施了涉案专利权利要求1的技术方案,不影响被诉侵权技术方案落入涉案专利权利要求1的保护范围的认定。造成本案最初的争议的原因是被诉侵权产品自身不合格,但这并不能作为其未落入涉案专利全保护范围的理由。

(三)专利侵权损害赔偿并不以权利人实际遭受损失或者侵权人实际获利作为赔偿前提

侵权行为本身不仅客观上可能造成权利人经济利益的损失,也会削弱权利人的竞争能力和减损权利人的获利机会。即使侵权人没有实际获利,也不影响其应当承担赔偿损失的责任。

创造性的认定

——黄山某科技有限公司的专利权无效行政二审逆胜案

一、案件焦点

本案涉及真空排泄阀发明专利,在其确权过程中主要包括如下焦点问题:

1. 涉案专利独立权利要求是否记载了解决技术问题的必要技术特征;

2. 涉案专利是否具备创造性,关键为区别技术特征的认定。

在无效、一审判决和二审判决中,对上述焦点问题进行了详细的论述,研读上述焦点问题的说理,能够深化对相关问题的理解。

二、案件概况

(一)案件信息

上诉人(一审原告,无效宣告请求人):黄山某科技有限公司(以下简称某科技公司)

被上诉人(一审被告):国家知识产权局

一审第三人(专利权人):湖南某环保科技有限公司(以下简称某环保公司)

案件性质:发明专利无效行政诉讼二审

裁判文书:(2022)最高法知行终 324 号

涉案专利:200810144813.2,名称为“真空排泄阀”

（二）案件过程

本案经历了专利无效阶段、专利无效行政诉讼一审阶段、专利无效行政诉讼二审阶段。

专利无效阶段：恒都团队在充分检索的基础上，采用证据1—10，针对涉案专利提出无效请求。针对某科技公司就涉案专利提出的无效宣告请求，国家知识产权局作出无效宣告请求审查决定，维持涉案专利权有效。

专利无效行政诉讼一审阶段：恒都团队仔细分析无效决定和证据文件，对无效决定中存在的潜在错误，结合证据详细地阐述了我方的观点。无奈未能获得支持，北京知识产权法院于2021年11月22日作出（2021）京73行初5165号行政判决。

专利无效行政诉讼二审阶段：面对无效决定和一审不利的结果，恒都团队并未气馁，经过仔细分析原无效决定和一审判决的观点，有针对性地逐一提出应对观点、翔实的陈述理由，进一步补充3份公知常识证据佐证自己的观点，并结合动画和PPT深入阐述，全力促成某科技公司二审逆胜。

（三）基本案情

2020年7月27日，某科技公司采用证据1—10，以涉案专利权利要求1—8保护范围不清楚、缺少必要技术特征及不具备创造性的理由，请求国家知识产权局宣告涉案专利全部无效。

2021年1月7日，国家知识产权局经过审理认为，涉案专利权利要求1—8符合2001年《专利法实施细则》第20条第1款的规定；权利要求1符合2001年《专利法实施细则》第21条第2款的规定。权利要求1—8相对于某科技公司提交的证据及公知常识的组合方式具备创造性，据此作出第47670号被诉决定。

某科技公司不服被诉决定，于2021年4月1日向一审法院提起诉讼。在一审中我方结合证据对无效决定中存在的潜在错误进行了充分的阐述。经审理，一审法院认为证据1或证据3或证据10均没有公开关于真空囊的设置方式以及将其设置在锥形桶状的阀罩内的相关技术特征，以及在阀罩内壁设置导轨及在压座上设置对应滑块的区别特征，证据6或证据7或证据8均没有公开关于在锥形桶状的阀罩内设置真空囊的相关技术特征，证据4或证据5也均没有公开关于在阀罩内壁设置导轨及在压座上设置对应滑块的区别特征，并且目前也没有证据可以证明上述技术特征属于本领域的公知常识，即使采用证据6或证据7或证据8或公知常识以及证据4或证据5或公知常识的证据组合方式，涉案专利也均具备创造性。

某科技公司不服一审判决，向最高人民法院提起上诉，最终最高人民法院作出(2022)最高法知行终324号行政判决书，撤销一审判决并判令国家知识产权局重新作出无效决定。

三、办案手记

恒都律师事务所接到某科技公司的委托，针对涉案专利提起无效宣告请求，并代理了行政诉讼一审和行政诉讼二审。

由于某科技公司被专利权人行政投诉侵权，某科技公司对涉案专利提起了多次无效宣告请求，均以失败告终。如不能成功无效该专利，则某科技公司的利益可能会遭受巨大损失。

根据2021年最高人民法院知识产权法庭年度报告统计，行政二审案件发改率仅为6.6%。在无效决定和行政诉讼一审不利的情况下，经过恒都律师妥善的处理，最终逆风翻盘，为客户赢得了来之不易的全面胜利。

在无效阶段，恒都团队深入分析涉案专利技术方案并对现有技术进行全面检索，最终采用10篇现有技术和多种证据组合方式，针对涉案专利提起无效。

在专利无效行政诉讼一审阶段，我方结合证据对无效决定中存在的潜在错误进行了充分说理，无奈未能获得一审法院的支持。

恒都团队在先前工作的基础上，进一步深入、细化工作。经过补充检索，提交了3份公知常识证据，以进一步证明真空囊的收缩速度与阀罩的形状无关。为了便于向合议庭更直观地呈现涉案专利的技术特征与缺陷，同时提交了动画视频。此外,为了更加直观、高效地陈述我方观点,恒都团队针对庭审中涉及的关键问题准备了 PPT。庭审之后,通过撰写庭后代理词,进一步深入阐述我方的观点,以引起合议庭对本案的重视。随后,在收到被上诉人国家知识产权局的庭后代理词后,立刻有针对性地提交了第二份庭后代理词。经过办案律师的不懈努力,我方最终在二审中实现逆袭,代表客户取得了胜利。

四、(2022)最高法知行终 324 号判决观点

最高人民法院二审判决相应观点如下。

(一)涉案专利独立权利要求是否记载了解决技术问题的必要技术特征

在判断独立权利要求是否记载了解决技术问题的必要技术特征时,应当根据本领域技术人员对专利文件的理解,结合说明书记载的技术问题和所欲取得的技术效果,来判断专利权利要求能否解决说明书记载的技术问题并取得相应的技术效果。如果本领域技术人员在阅读了专利文件后发现,通过对权利要求所记载的技术方案的实施无法解决说明书所记载的技术问题并取得说明书所记载的技术效果,或者要解决说明书所记载的技术问题和取得相应的技术效果还必须增加对本领域技术人员来说并非显而易见的其他技术特征,则可以认定该专利技术方案缺少解决技术问题的必要技术特征。

法院认为,从涉案专利说明书背景技术及发明内容的记载看,涉案专利所要解决的技术问题是:现有的电机驱动方式的真空阀结构及控制均很复杂,且成本较高。为解决该问题,涉案专利要求保护的真空排泄阀利用真空囊中气体压力的变化控制龟碗的上升或下降,实现阀座的入口和出口间的通或断,其结构及控制均很简单,方便可靠。涉案专利独立权利要求 1 中已经具体限定了……由此可知,通过上述结构已足以解决所要解决的利用气动控制实现污水排放并且简化结构降低成本的技术问题……此外,独立权利要求 1 中已清楚地限定了“阀座的内凹部的位置”,即位于龟碗(5)与该阀

座(3)相对的部位,也具体限定了龟碗与阀座上的开口之间的安装及位置关系。……而某科技公司上诉提出的弹簧及对龟碗和阀座开口气密性的限定,均属于优选实施方式而非解决上述技术问题的必要技术特征……因此,涉案专利独立权利要求1不缺少必要技术特征。

(二)涉案专利是否具备创造性,关键为区别技术特征的认定。

当以证据1为最接近的现有技术时,被诉决定将二者进行比对,确定了3个区别特征,分别为区别技术特征(1)、区别技术特征(2)和区别技术特征(3)。

某科技公司上诉对区别特征(1)、(2)的认定提出异议,主张涉案专利权利要求1并未限定"真空囊""阀盖""阀罩"的具体形状以及形成负压空间的结构的具体形态,说明书中也未进行特别的定义,因此证据1公开了上述区别特征。

法院认为:第一,根据2000年《专利法》第56条第1款的规定,发明或者实用新型专利权的保护范围以其权利要求的内容为准,说明书及附图可以用于解释权利要求。涉案专利权利要求1仅限定"阀罩内、龟碗的上方设有带真空源进口的真空囊,所述真空囊的底部连接有压座",并未限定真空囊具体的形状或结构。

本领域技术人员根据说明书第[0004]及[0014]段的记载"真空囊内的气体通过真空源进口进行排放或吸入,从而改变真空囊中的气体压力。当真空囊中为真空时,真空囊收缩,使龟碗上升,则入口和出口连通,真空排泄阀处于打开状态。当真空囊与大气连通时,真空囊膨胀,在弹簧的推压作用下,使龟碗下降而隔断入口和出口,真空排泄阀处于关闭状态。涉案发明的有益效果是:通过真空囊中气体压力的变化控制龟碗的上升或下降,实现阀座的入口和出口间的通或断,即真空排泄阀的开启或关闭,结构及控制均很简单,实现方便,打开和关闭都很迅速,而且安装方便可靠,排放污水和隔离臭气的效果显著"可知,从真空源进口排放或吸入气体会使真空囊的囊体发生形变,真空囊的形变会带动龟碗上下运动。据此,本领域技术人员可以确定囊体发生形变且具有相应作用或者功能(可以带动龟碗上下运动)的部件即权利要求1所述的真空囊。

经查,证据1中形成负压空间的结构为:环形的提升膜片9的内环边夹在上、下夹膜板之间,提升膜片9的外环边夹在上缸体12与下缸体14之间,将缸体内分成上腔13和下腔15,上腔13经负压孔11与负压源相通,下腔15经中间压体上的常压孔16与大气相通。该负压空间设置于密封膜片(龟碗)的上方,其底部连接有拉杆等部件组成的压座结构。鉴于涉案专利权利要求1并未限定阀盖、阀罩的具体结构,仅限定了这两个部件与其他部件以及其相互之间的位置关系,故证据1中的上缸体公开了涉案专利权利要求1中的阀盖,证据1中的整个缸体公开了涉案专利权利要求1的阀罩,常压孔公开了涉案专利权利要求1的透气孔。因此,证据1中形成负压空间的结构和涉案专利权利要求1中形成的负压空间实质上相同,也符合“阀罩内、龟碗的上方设有带真空源进口的真空囊,所述真空囊的底部连接有压座”的限定。被诉决定认定涉案专利负压空间四周均被常压环境环绕,证据1仅空间下部与常压环境接触并无依据。且透气孔的设置目的是使阀罩内形成常压,其设置方式与负压空间的收缩速度并无关联。故被诉决定归纳的区别特征(1)错误,实际的区别特征(1)仅在于该阀罩为锥形桶状体。

第二,涉案专利权利要求1限定了“真空囊的底部连接有压座,压座底部连接有拉杆,拉杆固定在龟碗的底部”,而证据1公开了“上夹膜板10、下夹膜板8之间有一空腔17,该空腔下面有一可穿提升机构拉杆的孔18,环形的提升膜片9的内环边夹在上、下夹膜板之间,提升膜片9的外环边夹在上缸体与下缸体之间,将缸体内分成上腔13和下腔15,提升机构拉杆下端与密封膜片固定连接,密封膜片通过在其中间预埋的螺母实现与提升机构拉杆的螺纹连接”。将二者进行比较,涉案专利权利要求1的压座与其他部件的位置关系、起到的作用与证据1的上夹膜板与下夹膜板是一致的。由于涉案专利权利要求1没有限定压座的具体形状和结构,故证据1的上夹膜板与下夹膜板公开了涉案专利权利要求1中的压座。因此,不存在被诉决定归纳的区别特征(2),被诉决定的相关认定错误,法院予以纠正。

对于区别技术特征的认定,上述内容均以证据1作为最接近的现有技术,对于其他证据组合的论述方式,具体内容可参见二审判决书。

经过充分的说理,最高人民法院最终认定涉案专利权利要求1相对于证据1或证据3或证据10,分别结合公知常识的证据组合方式不具有突出的实质性特点和显著的进步。权利要求1不具备创造性。

五、复盘与总结

(一)缺少必要特征的无效理由成功概率较小

对于龟碗5和阀座3的开口之间的气密性是必要技术特征的主张,我方在无效、一审和二审阶段均进行了详细的阐述,但是该主张最终并未被采纳。

最高人民法院从技术问题和所欲取得的技术效果出发,来判断专利权利要求能否解决说明书记载的技术问题并取得相应的技术效果。最终,最高人民法院认为,权利要求1中记载的特征已足以解决所要解决的利用气动控制实现污水排放并且简化结构降低成本的技术问题,即上述结构已完全可以解决有关“阀口关闭的驱动力的来源”的技术问题;并认为弹簧的使用属于优选实施方式而非解决上述技术问题的必要技术特征。

通过检索和统计公开的司法判例可以发现,以“缺必特”的理由无效成功的概率极低。在司法实践中首先认定涉案专利解决的技术问题和所欲取得的技术效果,进而判断是否缺少必要技术特征,这里技术问题的确定和技术效果确定的方式、程度等仍存在需要进一步细化的空间,以便公众和相关从业人员进一步理解把握此处的尺度。

(二)对争议问题锲而不舍地努力

在无效结果不利和一审未获支持的情况下,恒都办案律师在二审中进一步检索现有技术,提交了多份公知常识证据以补强我方的主张;同时提交了动画视频,便于法官理解相关技术,进而影响说服法官;并针对庭审准备了 PPT,以便更加直观、高效地阐述我方观点;庭审之后,提交了多份庭后代理词进行补充说理。

最终,恒都律师抓住一切机会阐述主张,说服法官,实现了逆风翻盘,赢得了胜利。

(三)创造性问题中区别技术特征的作用的认定十分关键

在创造性问题中,区别特征的作用的认定十分关键,如果其具有特别的技术效果,并且没有被证据公开,则具备创造性;相反,如果该区别特征只是常规作用,则该区别特征可能只是常规设计,不具备创造性。

在判断区别特征的作用时,要基于说明书的记载。如果主张区别特征具有特别的技术效果,但说明书并没有相应记载,则较难得到支持。

巨大商业纠纷涉及的专利创造性判断的考量因素适用

——武汉某机械公司的发明专利权无效行政诉讼案

一、案件焦点

涉案专利涉及中高压叶片式液压马达定子内腔表面加工工艺发明专利,在其确权过程中主要的争议焦点为:涉案专利权利要求1、2是否符合《专利法》第22条第3款有关创造性的规定。

在无效宣告请求审查决定、行政诉讼一审判决和二审判决中,国家知识产权局、法院支持了恒都团队提供的证据和理由。

二、案件概况

(一)案件当事人

上诉人(一审原告,专利权人):王某某

被上诉人(一审被告):国家知识产权局

一审第三人(无效宣告请求人):武汉某机械公司(以下简称武汉某公司)

案件性质:发明专利无效行政诉讼二审

裁判文书:(2021)最高法知行终629号

涉案专利:ZL201110056869.4,"中高压叶片式液压马达定子内腔表面加工工艺"

（二）案件过程

本案经历了专利无效阶段、行政诉讼一审阶段、行政诉讼二审阶段。

专利无效阶段：恒都团队在充分检索的基础上，代理武汉某公司，成功使得专利号为“201110056869.4”、名称为“中高压叶片式液压马达定子内腔表面加工工艺”的发明专利（以下简称涉案专利）目标权利要求被宣告无效。

专利无效行政诉讼一审阶段：恒都团队对原告的观点和证据有针对性地进行了回应，在诉讼策略、诉讼文件、开庭环节等方面精心准备，北京知识产权法院作出了驳回原告诉讼请求的判决。

专利无效行政诉讼二审阶段：恒都团队充分准备并积极应对答辩，最高人民法院最终维持一审判决。

（三）基本案情

2017年7月24日，恒都代理武汉某公司向原国家知识产权局专利复审委员会（以下简称原复审委）提出无效宣告请求，请求宣告涉案专利权全部无效。原复审委于2018年2月7日作出第34944号无效宣告审查决定，宣告涉案专利权全部无效，主要依据的理由是，涉案专利权利要求1在证据4的基础上结合证据9以及本领域的常规技术手段不具有创造性，权利要求2的附加技术特征本领域技术人员在证据9的启示下容易进行常规选择，也不具有创造性。

专利权人王某某不服上述无效决定，向北京知识产权法院提起行政诉讼（一审）。一审法院于2020年10月9日作出（2018）京73行初5480号判决，驳回原告王某某的诉讼请求。在一审中，原告在创造性理由中还强调，涉案专利给武汉某公司产生了数百亿元的巨大商业价值，涉案专利技术解决了长期困扰的技术难题。一审法院在维持被诉决定中关于权利要求1、2在证据4的基础上结合证据9以及本领域的常规技术手段不具有创造性的理由，同时还认为，依据在案证据无法确定原告所称的商业成功是发明的技术特征直接导致的，故不能作为确定涉案专利具备创造性的依据。

原告不服一审判决，向最高人民法院提起上诉。最高人民法院于2022

年 3 月 4 日作出(2021)最高法知行终 629 号判决,认为一审判决认定事实清楚,适用法律正确,维持了一审判决。

三、办案手记

恒都律师事务所代理武汉某公司关于该案件的无效宣告请求、行政诉讼一审、行政诉讼二审阶段,最终为客户赢得了全面胜利。恒都律师事务所在接受客户委托后,迅速组成了专业的律师团队进行全面分析。

在无效宣告请求阶段,恒都团队深入分析涉案专利技术方案并对现有技术做全面检索,最终选出 9 篇现有技术证据对涉案专利提出无效宣告请求,并对证据做出有利的组合。

在行政诉讼阶段,恒都团队针对专利权人的观点以及新提交的证据逐一进行全面分析,有针对性地进行回应,在诉讼策略、诉讼文件、开庭环节等方面精心准备。最终,一审法院和二审法院均维持了无效决定中关于涉案专利权利要求不具有创造性的观点。

四、无效决定、一审判决、二审判决的主要观点

(一)关于涉案专利权利要求相对于证据 4 结合证据 9 以及公知常识是否显而易见

无效决定认为:

涉案专利权利要求 1 与证据 4 相比,存在如下区别:(1)涉案专利是利用数控镗床加工中高压叶片式液压马达定子内腔表面的多段圆弧曲线棱廓;而证据 4 使用车削加工叶片式液压马达定子内腔表面,但该内腔表面为圆孔;(2)涉案专利步骤③中用数控磨床磨削定子内表面,并限定使镗削加工时靠近镗刀的一端内腔尺寸精度达到图纸技术要求;而证据 4 没有公开磨削是否使用数控磨床,且最后工序达到图纸要求没有明确指出哪一端的尺寸达到图纸要求;(3)涉案专利用步骤④—⑦限定了用直线磙涂油印来检测尺寸精度达不到图纸要求的部位,对相应部位进行磨削,并重复上述步骤,

并利用步骤⑧对定子内腔进行抛光；而证据4仅公开了磨削的过程需要循环进行直至达到图纸要求，并未公开利用直线磙涂油印以及抛光的步骤。

针对区别特征(1)，本领域技术人员知晓，镗孔是用镗刀将原有的孔进行扩大的一种加工方法，在生产实践中镗削加工多在镗床和车床上进行，车床也可以当镗床使用。因此证据4中对孔的车削加工也可认为是镗削加工，因而证据4同样存在切削时刀杆变形引起的锥度问题。此外，中高压叶片式液压马达是现有的液压马达，多段圆弧曲线的定子内腔表面属于常规的定子内腔曲线轮廓，在证据4已经公开了对定子内腔进行镗削的情况下，本领域技术人员根据加工多段圆弧曲线大型定子内腔表面的需要，容易想到在数控镗床上对其进行镗削。

针对区别特征(2)，证据4已经给出了对定子内腔进行磨削的技术启示，利用数控磨床进行磨削属于本领域常规的技术手段，此外证据1公开了定子内孔E在最后的工序达到图纸要求，本领域技术人员在对内孔进行镗削时镗杆一般为悬垂变形，近端变形小、加工的孔径大，远端变形大、加工出的孔径小，故必然导致靠近镗刀的一侧首先达到图纸尺寸，测量时也应当首先测量靠近镗刀的一侧，否则会导致过切。

针对区别特征(3)，证据9公开了当叶片式液压马达出现转速低、转矩小的故障时其产生原因之一为泵轴向、径向间隙太大，出现噪声大的故障时其产生原因之一是定子内表面曲线拉毛或刮伤，其排除方法是修复叶片顶端及定子内表面曲线。证据4还公开了在一些不便于机械加工的场合需要用锉刀对工件表面进行切削加工，可使工件达到所要求的尺寸、形状和表面粗糙度。在精加工型面时使用整形锉削或条形油石修磨样板及对板的型面，均匀留出研磨量。样板在精磨后进行光整加工，研具或油石研磨样板型面。锉削与锉配加工时，对圆弧半径的测量方法可以采用涂色法，用标准芯轴测量时，在其表面均匀涂上红丹粉加机油的显示剂，然后与被测圆弧表面研合，根据表面着色情况，判断内圆弧表面是否合格。如接触不好，修研高点直至合格。证据9还公开了在标准芯轴(相当于涉案专利的直线磙)上涂红丹粉加机油的显示剂,在被测圆弧表面研合,根据表面着色情况判断圆弧表面是否合格,并修研高点直至合格,因此证据9给出了利用直线礤在定子内腔表面进行碾礤,并磨削着有油印的表面,反复进行直至合格的技术启示。此外,证据9还公开了定子内表面曲线拉毛或刮伤会引起马达噪声大,此时需要修复叶片顶端定子内表面曲线,所谓定子内表面曲线拉毛就是指表面光洁度不符合要求,在证据9的启示下,本领域技术人员有动机在定子内表面加工的最后步骤对定子内腔表面进行抛光以保证表面粗糙度符合图纸要求。

一审判决和二审判决基本维持了上述观点。

(二)关于说明书中未记载的技术效果对创造性判断的影响

本案中,专利权人认为,涉案专利达到了零对零的技术效果,具有创造性。但原复审委和法院均未支持。

无效决定认为,虽然专利权人强调涉案专利达到了零对零的技术效果,但对此涉案专利的权利要求及说明书并没有记载,仅记载了加工达到图纸要求,并没有记载涉案专利达到了何种具体的区别于现有技术的加工精度,而证据4中已经公开了加工要达到图纸要求,证据9也公开了磨削着有油印的表面直至合格(所谓合格在本领域中一般就是指达到图纸要求或者技术要求)。

一审判决同样认为,原告强调涉案专利能够达到零对零的技术效果,但在涉案专利权利要求和说明书中均未记载,也不能毫无疑义地从技术手段中得出,故不能作为确定涉案专利具备创造性的依据。

(三)关于技术问题的发现对创造性判断的影响

在无效阶段中,专利权人强调,涉案专利的核心在于技术问题的发现。

无效决定认为:虽然专利权人强调涉案专利权利要求创造性的核心在于技术问题的发现,但现有技术中已经给出了发现该技术问题的明确启示,且涉案专利权利要求限定的技术方案的技术手段已经被现有技术公开,或者属于常规技术,本领域技术人员在现有技术的启示下能够显而易见地得到涉案专利权利要求的技术方案，则应当认定该权利要求不具备创造性。

（四）关于商业上成功的认定

专利权人在行政诉讼过程中认为涉案专利给武汉某公司产生了数百亿元的巨大商业价值，涉案专利技术解决了长期困扰的技术难题。

一审判决认为，依据在案证据无法确定原告所称的商业成功与涉案专利的创造性之间存在直接因果关系，故不能作为确定涉案专利具备创造性的依据。

二审判决同样认为，专利权人主张涉案专利克服了技术偏见、取得了商业上的成功，但未就此提供有效证据证明，不能作为确定涉案专利具备创造性的依据。

五、复盘与总结

（一）对涉案专利所述领域的技术方案进行深入挖掘，正确判断现有技术证据隐含公开的特征

在确定发明与最接近的现有技术之间的区别技术特征时，对比文件所公开的技术内容不仅包括明确记载在对比文件中的内容，还包括对于所属技术领域的技术人员来说，隐含的且可直接地、毫无疑义地确定的技术内容。

因此，在认定区别技术特征时，需对涉案专利所述领域的技术方案进行深入挖掘，正确判断现有证据隐含公开的特征。

例如，本案中，证据 4 公开了定子内腔粗车→精车→预磨→最后磨的加工工艺，并且在每个加工阶段循环加工直至达到图纸要求。本领域技术人员据此可以确定且毫无疑义地理解，工艺循环加工系为达到精度要求而在每个工艺结束后，再度测量后加工，因此证据 4 隐含公开了车削阶段结束后留有后序加工余量，检测定子内孔表面尺寸精度，磨削定子内孔时检测定子内孔表面尺寸精度，如果没有达到要求就要循环加工。

(二)创造性争辩过程中,应尽量选择说明书中记载或可毫无疑义地从技术手段中得出的技术效果

本案中,专利权人提出涉案专利能够达到零对零的技术效果,具有创造性。但该观点没有得到支持。例如,一审法院认为,该效果在涉案专利权利要求和说明书中均没有记载,也不能毫无疑义地从技术手段中得出。

因此,在创造性争辩过程中,应尽量选择说明书中记载或可毫无疑义地从技术手段中得出的技术效果。

(三)充分挖掘和检索现有技术证据,做出更有效的证据组合

本案中,涉案专利权利要求1涉及中高压叶片式液压马达定子内腔表面加工工艺,包含8个工艺步骤特征,涉及特征较多,无效难度较大。为此,恒都团队在充分了解涉案专利技术方案的基础上,深入挖掘和检索现有技术证据,判断哪些是隐含公开的特征,并对现有技术证据做出有利组合,最终将涉案专利权全部无效。

(四)商业成功在评价创造性时的考量因素

根据《专利审查指南》的规定,当发明的产品在商业上获得成功时,如果这种成功是由于发明的技术特征直接导致的,则一方面反映了发明具有有益效果,同时也说明了发明是非显而易见的,因而这类发明具有突出的实质性特点和显著的进步,具备创造性。但是,如果商业上的成功是由于其他原因,例如,是销售技术的改进或者广告宣传造成的,则不能作为判断创造性的依据。

本案中,专利权人以商业成功主张创造性,提交了订单等证据。对此,国家知识产权局以及法院的观点一致,核心在于这些证据无法证明这种成功是发明的技术特征直接导致的。现实中,影响商业成功的因素有很多,如由于销售技术的改进或者广告宣传,而《专利法》上的创造性,关注的是技术带来的成功。司法实践中,商业成功在创造性中被认可的难度较大,主要原因在于举证上难以证明技术所起的作用。为了证明技术的作用,可以从以下几个方面考虑:技术的获奖情况、技术对功能实现的主导作用、该功能对市场需求的满足、占竞品市场的份额等。

同一专利的多起专利侵权纠纷的应对之路

——广州某电器公司与某电器有限公司的系列发明专利权侵权纠纷案

一、案件焦点

本案涉及冰淇淋机加气方法的发明专利，原告(专利权人)以同一项发明专利，先后提起了5次侵权诉讼(以下简称民事案件1—5)。与此相对的，被告(无效请求人)先后5次针对涉案专利提起无效宣告请求，结果均是维持专利全部有效。

恒都在中途介入案件，代理民事案件2、3的部分二审上诉人，民事案件4、5的部分一审被告(民事案件1已经二审生效并执行完毕)及第6次无效案件的无效宣告请求人。本案的焦点可以概括为：

1. 涉案专利的专利权是否稳定，其方法是否具有创造性；

2. 被诉产品的制造过程中预设固化的加气方法是否是涉案专利的方法；

3. 部分被告主体是否适格。

二、案件概况

(一)案件当事人

案件当事人较多，此处介绍案件的主要当事人。

恒都代理民事案件2的二审上诉人，民事案件4、5的一审被告及无效宣告请求人：广州市某电器公司(以下简称某电器公司甲)

恒都代理民事案件 3 的二审上诉人:广州市某电器有限公司(以下简称某电器公司乙)

恒都代理民事案件 2、3 的二审上诉人,民事案件 4、5 的一审被告:周某(所有自然人当事人化名)

民事案件 2、3 的二审被上诉人(一审原告),民事案件 4、5 的一审原告及专利权人:湖北某电器股份有限公司(以下简称湖北某公司)

案件性质:发明专利侵权诉讼一审、二审系列案件,专利无效宣告专项法律服务案件

本文相关的裁判文书:

案件 2:(2021)粤 73 知民初 1184 号民事判决书、(2022)最高法知民终 2332 号民事裁定书

案件 3:(2021)粤 73 知民初 1182 号民事判决书、(2023)最高法知民终 594 号民事裁定书

案件 4:(2022)粤 73 知民初 269 号民事裁定书

案件 5:(2022)粤 73 知民初 275 号民事裁定书

无效决定:第 560055 号无效宣告审查决定

涉案专利:ZL201410185013.0,一种冰淇淋机间歇式加气控制方法

(二)案件过程

专利权人湖北某公司基于涉案专利,以某电器公司甲等为被告提起专利侵权诉讼,某电器公司甲被判定侵权、赔偿损失,并执行完毕。

之后,专利权人湖北某公司针对某电器公司甲、某电器公司乙其他型号产品,分别提起了专利侵权诉讼,即本文中的案件 2—5。其间,某电器公司甲先后 5 次针对涉案专利提起专利无效宣告请求,均未成功。

恒都代理后,案件的主要进程包括:案件 2、3 二审上诉阶段,专利无效阶段及案件 4、5 一审案件答辩阶段。

案件 2、3 二审上诉阶段:恒都团队仔细分析原无效决定和一审判决的观点,在上诉状中,有针对性地逐一提出应对观点,陈述翔实的理由,并进一步

补充证据佐证自己的观点。帮助法官全面了解案情，为专利无效宣告的顺利推进赢得了时间。

专利无效阶段：涉案专利要求保护的是一种冰淇淋机的加气方法，技术领域狭窄，证据检索难度较大。在本次无效中，恒都团队把检索重点放在了外文文献上，并取得了决定性的证据。

案件4、5一审案件答辩阶段：通过多方面举证、当庭演示相关产品等手段，恒都团队积极帮助法庭查清事实。主张诉讼时效、不侵权、主体不适格等多种抗辩，并且提供了无效阶段的证据，进行现有技术抗辩，从多个角度证明某电器公司甲与周某不应当承担侵权责任。

三、办案手记

根据案件情况，恒都团队首先从以下角度分析，撰写了两个一审案件的答辩意见：(1)被答辩人主张的权利已经超过了诉讼时效；(2)被告周某主体不适格；(3)某电器公司甲未侵犯涉案专利的专利权；(4)涉案专利属于现有技术；(5)被诉产品实际获利很少；(6)被告无侵权故意和恶意。针对案件的关键点——加气控制方法和参数，办案律师直接与控制器厂家取得联系，通过与控制器工程师的讨论，理清了各个型号设备实际的加气控制方法。根据其加气控制方法的不同，办案律师分别制定了不同的诉讼策略，并针对案件事实提出下述不侵权抗辩。

第一步，首先，涉案专利是方法专利，保护一种冰淇淋机的加气方法。某电器公司甲并未实施加气的方法，是购买冰淇淋机的客户有可能实施加气的方法。其次，被诉产品是贴牌代工产品，某电器公司甲仅仅是代工制造厂家。并且，某电器公司甲亦不知其代工制造产品涉及专利权纠纷。在得知相关纠纷后，某电器公司甲与德某公司终止合作。因此，某电器公司甲不应当承担侵权责任。最后，被诉产品与涉案专利的权利要求相比存在区别技术特征：在加气过程中存在停顿，并不是基于阈值比较实现。而且步骤(4)在步骤(3)后，意味着停气后根据阈值加气才是间歇式加气的实现方法，而被诉产品加气到成型比例50%即不再加气了。

第二步,恒都团队积极推动无效案件的证据检索。涉案专利要求保护的是一种冰淇淋机的加气方法,技术领域狭窄,证据检索难度较大。鉴于前5次无效宣告请求中,对中文专利、论文的检索已经比较充分,在本次无效中,把检索重点放在外文文献上。最终,检索到破坏涉案专利创造性的证据,成功无效原告主张的权利要求,一举扭转了长期不利的局面。

第三步,恒都团队积极与两个二审案件的法官沟通,提交驳回起诉请求书。在沟通中,案件4的法官仍有疑虑,发传票拟开庭全面了解情况。办案律师撰写了详细的答辩状,提交了证据与证据目录,并与法官持续沟通。最终打消了法官的疑虑,法官看过提交的证据和材料后取消了开庭,并在拟开庭的当天发出了裁定书。

四、判决观点

(一)(2022)粤73知民初269/275号民事裁定书

湖北某公司的撤诉申请符合法律的规定,法院予以准许。依照2021年《民事诉讼法》第13条、第148条第1款、第157条第1款第5项及《诉讼费用交纳办法》第15条之规定,裁定如下:准许原告湖北某公司撤诉。案件受理费减半收取。

(二)无效宣告请求审查决定(第560055号)

如果权利要求的技术方案与最接近的现有技术存在区别技术特征,但现有技术中给出了将上述区别特征应用到最接近的现有技术以解决其存在的技术问题的启示,则权利要求是显而易见的,不具备创造性;如果现有技术中未给出所述启示,则不能得出权利要求不具备创造性的结论。

(三)(2022)最高法知民终2332、594号民事裁定书

权利人在专利侵权诉讼中主张的权利要求被国家知识产权局宣告无效的,审理侵害专利权纠纷案件的人民法院可以裁定驳回权利人基于该被宣告无效的权利要求所提起的起诉。

五、复盘与总结

在涉及专利侵权纠纷的司法实践中，专利无效程序多被专利权的竞争对手用于反击专利侵权指控。形成专利侵权诉讼时，被告通常转向国家知识产权局，请求宣告专利权无效，对专利侵权指控釜底抽薪。

在无效宣告中，证据检索是关键。本案即是鲜活的例子。恒都团队在无效程序中检索到可用的证据，一举无效对方的专利，为客户赢得了一系列侵权案件的胜诉。

关于等同技术特征的认定思路

——湖南某科技公司与湖南某水电公司的发明专利权侵权二审逆胜案

一、案件焦点

本案涉及水务基建领域的发明专利，在侵权纠纷中主要包括两个焦点问题：

1. 等同技术特征的认定；

2. 现有技术抗辩与不侵权抗辩。

一审判决和二审判决对于所述两个焦点问题给出了不同角度的论断，其中的理由和认定标准对相关类案具有重要的借鉴意义。

二、案件概况

（一）案件当事人

上诉人（原审被告）：湖南某科技有限公司（以下简称某科技公司）

被上诉人（原审原告，专利权人）：湖北某水电科技股份有限公司（以下简称某水电公司）

原审被告：武汉某建设开发投资有限公司（以下简称某建设公司）

案件性质：发明专利侵权诉讼二审

裁判文书：（2020）最高法知民终 1085 号

涉案专利：ZL200810048916.9，“水轮机、水泵叶片角度液压同步调速器”

（二）案件过程

本案经历了专利侵权诉讼一审阶段及专利侵权诉讼二审阶段。同时，涉案专利还经历了专利无效程序。

专利侵权诉讼一审阶段：原告某水电公司将被告某科技公司及被告某建设公司诉至武汉市中级人民法院（以下简称武汉中院），并主张禁令与赔偿。被告某建设公司主张合法来源抗辩，被告某科技公司主张现有技术抗辩及不侵权抗辩。

武汉中院一审判决认定被诉侵权产品落入涉案专利保护范围，被告某科技公司的现有技术抗辩及不侵权抗辩均不成立，其制造、销售行为构成侵权，被告某建设公司合法来源抗辩成立，免除赔偿责任，被告某科技公司停止侵权并赔偿原告50万元人民币。

专利侵权诉讼二审阶段：恒都团队仔细分析原一审判决的观点，有针对性地逐一提出应对观点，陈述翔实的理由，并进一步补充证据佐证自己的观点，尤其基于被诉侵权产品与涉案专利存在的区别技术特征，结合对方在无效程序中主张的专利权得以维持的理由和意见陈述，补充了不侵权抗辩的理由。最终最高人民法院撤销（2019）鄂01民初6430号一审判决，驳回某水电公司的诉讼请求，认定某科技公司的涉案侵权产品不落入涉案专利的保护范围。恒都律师事务所成功为某科技公司赢得了终审。

（三）基本案情

某水电公司向武汉中院提起诉讼，武汉中院于2019年8月23日立案受理，某水电公司起诉请求判令：（1）某建设公司立即停止使用侵害某水电公司享有专利权的产品；（2）某科技公司立即停止专利侵权行为，停止制造、销售侵害某水电公司享有专利权的产品，并立即销毁专门用于生产侵权产品的设备、模具及库存的侵权产品和半成品；（3）某建设公司、某科技公司赔偿某水电公司经济损失80万元及为制止侵权行为所支付的合理开支85,960元；（4）某建设公司、某科技公司承担本案诉讼费用。

某建设公司辩称：（1）本公司使用的产品具有合法来源，且主观上没有过错,不应承担赔偿责任;(2)根据本公司与武汉市市政建设集团有限公司的总承包合同,本公司作为发包人对承包人提供的材料和工程设备免责,具体的责任应该由承包人承担;(3)本项目尚未完工,所有权没有移交给本公司,本公司不应作为侵权主体承担责任。某科技公司辩称:(1)本公司产品使用的系现有技术;(2)本公司的产品与涉案专利产品不同,二者不属于同一技术。审理过程中,各方当事人均提交了大量证据以证明各自的主张。审理期间,武汉中院根据某水电公司的请求采取了证据保全措施,并对被诉侵权产品进行了现场勘验。

2020 年 1 月 9 日,武汉中院作出(2019)鄂 01 民初 6430 号民事判决。武汉中院认定涉案侵权产品落入涉案专利保护范围,某科技公司的现有技术抗辩不成立,其制造、销售行为构成侵权,某建设公司合法来源抗辩成立,免除赔偿责任,判决某科技公司立即停止制造、销售侵害涉案侵权产品,并向某水电公司赔偿 50 万元,案件受理费 12, 660 元,由某水电公司负担 2660 元,由某科技公司负担 10, 000 元。

某科技公司不服一审判决,上诉至最高人民法院,并请求撤销原审判决,改判驳回某水电公司的全部诉讼请求;本案一、二审案件受理费由某水电公司承担。二审过程中,某科技公司提出了如下抗辩:现有技术抗辩,即某科技公司生产的内置旋转式水泵叶片角度液压调节器系采用现有技术,其技术特征与上海市隧道管理所发明的“全封闭式集成油路液压执行机构”技术特征等同,不侵害涉案专利权;不侵权抗辩,即被诉侵权产品与涉案专利既不相同,又不等同,在角度变送器、集成高压微型液压系统、安全阀技术特征方面未落入涉案专利权利要求 1 的保护范围。某水电公司辩称:武汉中院认定事实清楚,适用法律正确,请求维持原审判决。某建设公司述称:坚持一审意见。

二审过程中,最高人民法院认为二审争议的焦点问题是:某科技公司主张的被诉侵权产品未落入涉案专利权利要求保护范围是否成立。针对此焦点问题,最高人民法院认为被诉侵权产品与涉案专利权利要求 1 存在区别技术特征,即“活塞上端顶部装有安全阀”及“安全阀通过导杆与装在外罩顶部的角度变送器连接”是有关安全阀部件及安全阀安装位置的限定,被诉侵权产品中并不包含安全阀,也不具有相应的位置关系技术特征。被诉侵权产品中的溢流阀是通过限制流入液压油的压力,从而调节液压系统内的压力,避免压力过高所导致的活塞行程超过可控范围;涉案专利中的安全阀上端通过导杆与装在外罩顶部的角度变送器连接,下端与活塞连接,通过限制位移来避免活塞行程超过可控范围。溢流阀所起到的作用是限制液压,安全阀所起到的作用是限制位移,二者的功能和作用并不相同,且二者的实现方法不相同,溢流阀与安全阀不构成等同技术特征。

基于此,最高人民法院认定某科技公司提出的被诉侵权产品未落入涉案专利权保护范围的主张成立,对其上诉请求全部予以支持。

三、办案手记

着手承办案件后,恒都团队对一审诉讼过程的全部材料进行全面审阅,并与当事人积极进行案件的全面沟通,经过多次讨论,最终确定二审诉讼的方向性意见,包括现有技术抗辩、不侵权抗辩两个重要上诉点,并有针对性地制定上诉方案,逐步落实上诉策略。

我方当事人在本案一审程序中失利。在一审已经失利的前提下,二审翻案的难度大、结果预期差。为尽可能推翻一审判决、取得有利的裁判结果,二审程序中,恒都律师团队需要竭尽全力办理案件,搜集有利证据,查清有利于推翻一审判决的事实。这需要从不同的角度挖掘有利事实的新证据,并依据新证据证明的事实充分提出有利于我方当事人的新观点和意见,以便通过事实和法律适用来说服二审法官,期待二审法官在充分理解对我方有利的事实的情况下作出对我方有利的裁判。

在准备二审诉讼的期间,恒都团队还代表当事人发起了专利无效宣告程序。在该程序中,对于一些关键的技术术语及其表示的技术含义、带来的技术效果进行了调查,并且通过补充检索获取到了新的现有技术对比文件,使专利权人对相关技术含义作出了解释，对与现有技术的区别进行了阐明，对其专利保护范围的边界进行了确定。从而为侵权案件中的被诉产品与权利要求的比对奠定了良好的比对基础。

对于发明专利侵权民事纠纷二审阶段而言，作为被诉侵权方，除审理程序上的抗辩理由，常见的实体抗辩方向为：(1)时效抗辩；(2)不侵权抗辩；(3)现有技术抗辩；(4)合法来源抗辩；(5)专利权用尽抗辩；(6)先用权抗辩。具体到本案，根据案件事实，二审提出的抗辩方向为：不侵权抗辩和现有技术抗辩。

对于不侵权抗辩，为了尽力争取有利结果，恒都团队挖掘了涉案专利权利要求 1 与涉案产品的多处区别技术特征，并基于存在多项区别技术特征的事实向法庭充分陈述意见。本案虽然在二审中为法庭确认涉案产品与涉案专利权利要求 1 存在区别技术特征，但主张的多项区别技术特征并未全部为法庭所接受。例如，对于涉案产品的“双向泵”与涉案专利权利要求的“二位四通电磁换向阀”的区别技术特征认定问题，法庭认定二者构成等同。对于二者是否构成等同，恒都团队认为需要根据“三基本 + 无创造”进行认定。首先，二者都是基本相同的手段实现油路换向相同的功能，达到了方便油路换向相同的技术效果，符合“三基本”的认定标准。其次，恒都团队也检索到了在先公开的教科书作为公知常识，该教科书中明确记载了换向阀、双向泵都是换向回路的常见技术方案，因此也符合“无创造”的认定标准。因此，恒都团队也接受了法庭关于涉案产品的“双向泵”与涉案专利权利要求的“二位四通电磁换向阀”不属于区别技术特征的观点。

恒都团队还提交了记载相近似技术方案的在先公开专利文献，以作为现有技术抗辩的证据。在实际办案过程中，提交记载近似技术方案的在先公开专利文献不仅能够用于证明涉案产品实施的为现有技术，还能从侧面反映涉案专利技术方案与现有技术的关系，以显示涉案专利权的稳定性，从而影响审判者的心证和自由裁量。

经过恒都团队在诉讼策略、诉讼文件、开庭环节方面的精心准备，最终，二审判决全面支持了办案律师在前述主要诉讼点方面的观点。2021 年 3 月 29 日,二审法院作出判决,认定涉案产品与涉案专利权利要求 1 存在区别技术特征,涉案产品不落入涉案专利的保护范围,一审判决对涉案产品落入涉案专利权利要求 1 保护范围的认定有误,以致法律适用错误,应予以纠正。

四、(2020)最高法知民终 1085 号判决观点

(一)关于等同技术特征的界定

等同技术特征是指与所记载的技术特征以基本相同的手段,实现基本相同的功能,达到基本相同的效果,并且本领域普通技术人员在被诉侵权行为发生时无须经过创造性劳动就能够联想到的特征。

就本案而言,涉案专利的角度变送器通过与主轴相连的导杆连接,用于计量和传递水泵主轴的运转数据,而被诉侵权产品安装的并非某科技公司所述的激光测距仪,而是拉线位移传感器,也是通过与主轴同轴的导杆连接,实现对主轴运转数据的计量、记录及传送,最终实现对叶片角度的计量,与涉案专利采用角度变送器的技术手段基本相同,也可以实现对叶片角度的测量功能及效果,而该种替换也为本领域的普通技术人员无须经过创造性劳动就能够联想到的惯常技术手段的替换。虽然拉线传感器在水泵运行时传感器不与导杆共同旋转,但并不影响二者技术效果基本相同的判断。因此,被诉侵权产品安装的拉线传感器构成与权利要求 1 所载角度变送器等同的技术特征。

而对于活塞上端顶部装有安全阀及安全阀通过导杆与装在外罩顶部的角度变送器连接的技术特征,被诉侵权产品中并不包含安全阀,也不具有相应的位置关系技术特征。被诉侵权产品的溢流阀所起到的作用是限制液压,涉案专利的安全阀所起到的作用是限制位移。从而,被诉侵权产品的溢流阀与安全阀并不实现基本相同的功能,更未达到基本相同的效果,从而二者不构成等同技术特征。

(二)关于被诉侵权产品是否落入专利权保护范围的界定

被诉侵权技术方案包含与权利要求记载的全部技术特征相同或者等同

的技术特征的，人民法院应当认定其落入专利权的保护范围；被诉侵权技术方案的技术特征与权利要求记载的全部技术特征相比，缺少权利要求记载的一个以上的技术特征，或者有一个以上技术特征不相同也不等同的，人民法院应当认定其没有落入专利权的保护范围。

具体到本案中，被诉侵权产品的技术特征与涉案专利权利要求 1 记载的技术特征“活塞上端顶部装有安全阀”及“安全阀通过导杆与装在外罩顶部的角度变送器连接”不同，其采用的技术方案未落入涉案专利的权利保护范围。

五、复盘与总结

专利侵权纠纷一旦发起，被告为反击，通常会发起专利无效程序。在无效程序中，使专利权人对专利的相关技术特征的含义和范围边界进行界定。

本案中，就是充分利用了专利权人的解释，其不能在无效程序和侵权程序中两头获利，从而在二审程序中，突出了被诉产品与涉案专利的区别，法院最终认定二者不满足等同特征的要件，从而既不相同又不等同，不落入专利的权利保护范围，不构成侵权。

四次公证确认不侵权事实

——佛山某工业炉科技公司与某科技有限公司的发明专利权侵权纠纷案

一、案件焦点

本案涉及红外线燃气喷流式铝棒加热炉的发明专利，在其裁判过程中主要的焦点问题和难点包括：

1. 被诉侵权产品是否落入涉案专利权的保护范围；

2. 被诉侵产品取证困难。

在一审、二审判决中，对于上述焦点问题和难点采取了针对性的措施，其中的理由和取证方式对相关类案具有重要的借鉴意义。

二、案件概况

(一) 案件当事人

上诉人(一审原告)：佛山市某设备热能设备科技有限公司(以下简称某设备公司)

被上诉人(一审被告)：佛山某工业炉科技有限公司(以下简称某科技公司)

案件性质：侵害发明专利权纠纷二审

裁判文书：(2022)最高法知民终 1204 号

涉案专利：ZL201410843950.0，红外线燃气喷流式铝棒加热炉

（二）案件过程

本案经历了侵害发明专利权纠纷一审、二审阶段。

侵害发明专利权纠纷一审阶段：一审阶段广州知识产权法院依据涉案专利记载并结合双方技术比对，进而判定被诉侵权产品未落入涉案专利权利要求的保护范围，驳回某设备公司的全部诉讼请求。

侵害发明专利权纠纷二审阶段：二审阶段最高人民法院再次从技术手段、功能效果等方面进行比对，判定维持原审（2021）粤 73 知民初 115 号民事判决。

（三）基本案情

2021 年 1 月 11 日，一审广州知识产权法院针对该案予以立案受理，某设备公司认为某科技公司制造、销售、许诺销售的喷流式铝棒加热炉（以下简称被诉侵权产品）落入某设备公司 ZL201410843950.0 专利权的保护范围，构成侵犯涉案专利权。

2022 年 3 月 15 日，一审广州知识产权法院作出（2021）粤 73 知民初 115 号民事判决，依据涉案专利记载并结合双方技术比对，认为被诉侵权产品不具有与涉案专利权利要求 1 中红外线辐射上板、红外线辐射底板相同或等同的技术特征，被诉侵权产品并未侵犯涉案专利权。

某设备公司不服上述民事判决，向最高人民法院提起上诉。最高人民法院于 2023 年 5 月 22 日作出判决，再次认为，认定某设备公司的上诉请求不成立，从而最终认定某科技公司被诉侵权产品未落入涉案专利的保护范围，维持一审法院（2021）粤 73 知民初 115 号民事判决，判决上诉人某设备公司负担二审案件受理费 13, 800 元。

三、办案手记

恒都律师接受委托后，根据被诉侵权产品与涉案专利的对比，确定了“不侵权抗辩”的应诉策略，动员客户一起查清事实，挖掘了多个不侵权抗辩点，围绕被诉侵权产品未落入涉案专利权利要求的保护范围这一重心有针对性地收集证据、制定诉讼方案、落实诉讼策略。

一审开庭前，恒都律师指导客户对被诉侵权产品再次进行公证（对方起诉前进行过公证），并提交不侵权抗辩意见。开庭后，法院表示由于疫情原因，无法去现场勘验，要求双方共同前往客户现场对被诉侵权产品一起公证。于是，恒都律师与对方律师于2021年8月14日一起对被诉侵权产品进行了第三次公证，恒都律师提交相应的庭后代理词。此后，恒都律师还补充提交了涉案专利审查档案作为证据。

开庭半年后，法院提出前往客户现场勘验。勘验后，恒都律师与法官积极沟通，并获取了对方在勘验后提交的新意见与相应资料，恒都律师立刻有针对性地提交了代理意见，除了对争议焦点进行回应，还进一步挖掘了被诉侵权产品与涉案专利的其他抗辩点。

最终，一审广州知识产权法院认为被诉侵权产品不具有与涉案专利权利要求1中红外线辐射上板、红外线辐射底板相同或等同的技术特征，被诉侵权产品未落入涉案专利权利要求的保护范围。一审法院判定不侵权，驳回对方全部诉讼请求，维护了客户的合法权益。

获得一审胜诉之后，原告上诉至最高人民法院。恒都律师利用专利权人在专利授权过程中的意见陈述来解释其技术特征，并对被诉侵权产品与涉案专利技术特征的形状、位置、功能与效果行了详细的对比，认为二者既不相同又不等同，使合议庭接受了被诉侵权产品不落入涉案专利权利要求的保护范围这一观点。最终最高人民法院支持了我方的意见，判决驳回上诉，维持原判。

四、(2022)最高法知民终1204号判决观点

最高人民法院二审判决主要观点包括：

经最高人民法院审查，涉案专利说明书[0003]段指明了涉案专利所要达到的技术效果，即通过改变传统的铝棒吸热方式，提高铝棒的加热速度，减少燃气消耗，大大提高能源利用率，提高生产效率，降低生产成本。为此，

根据说明书[0006]、[0008]、[0015]段的记载，涉案专利通过上、下红外线辐射板的反射、汇聚功能，提高热能利用率，从而大大增加了能源利用率，提高了生产效率，降低了生产成本。同时，某设备公司在其 2018 年 3 月 14 日针对前述第二次审查意见通知书的意见陈述书中同样提到，涉案专利的红外线辐射上板与底板相互配合，通过反射、汇聚的方式，增加了辐射通量，具有明显的热效应，并提高了热能利用率。

对此，二审法院认为，涉案专利在燃烧室内对应轴流压缩风机叶片的正下方、高于燃气燃烧枪的位置上设置红外线辐射上板，在炉体的底部设置红外线辐射底板，上述设置的主要功能在于，通过上、下红外线辐射板的相互配合形成热能的反射、汇聚，由此明显地增强加热炉的热效应，提高热能利用率。然而，将被诉侵权产品的不锈钢燃烧枪保护筒与涉案专利的红外线辐射上板相比，首先二者与其他部件的不同位置关系导致二者技术手段不同。涉案专利的红外线辐射上板高于燃气燃烧枪的位置进行设置，而被诉侵权产品的不锈钢燃烧枪保护筒紧挨着燃烧枪进行设置。其次，二者的功能与效果也明显不同。涉案专利的红外线辐射上板与底板相互配合，对热能进行反射与汇聚，由此明显地提高热效应，提升热能利用率；而由于紧挨着燃烧枪进行设置，被诉侵权产品的不锈钢燃烧枪保护筒的主要作用是遮挡上方风机气流，在功能效果上系为防止风机将燃烧枪火焰反吹入燃烧枪内，以避免回火爆炸，确保生产安全。此外，不锈钢燃烧枪保护筒的弧面大约仅占整个燃烧室上部空间截面的一小部分，不锈钢又是炉体炉身所使用的常规板材，与涉案专利相比，被诉侵权产品炉内的热能被反射和汇聚的作用效果并不明显。因此，二者既不相同又不等同，被诉侵权产品不落入涉案专利权利要求 1 的保护范围。

五、复盘与总结

（一）注意举证过程中对方的"无效取证"

在侵害发明专利权纠纷中，现场勘验取得被诉侵权产品技术细节是判断被诉侵权产品是否落入涉案专利权利要求保护范围的重要手段。以本案一审阶段为例,专利权人提供被控侵权设备外部图片,提出设备内部有燃气燃烧枪,然而在仅有外部模糊照片的情况下,仅凭外部有管道结构难以认定内部一定有燃气燃烧枪;此外,当专利权人提出红外线辐射板呈中央高两边低的弧面形,从而以类似结构主张被诉产品侵权。然而被诉产品中弧面占比不高、功用不同、材料普通,最终导致作用效果存在差异均不能从外部结构中轻易看出,更不能与说明书及附图作出有效对照。可见,在辨识被诉侵权产品和专利权究竟有无联系、是何种关系时,不能完全依赖或信任对方的取证能力,而应在相关证据不足时,尽力克服取证困难,有效取证,这也能避免对方强词夺理、面对证据信口开河的情况。

(二)及时进行公证、搜集并确定证据,为法官提供庭审便利

本案一审过程受疫情影响,法院因此难于去现场勘验,因而要求双方共同前往客户现场对被诉侵权产品一起公证,以方便法院庭审;此外,对方固然就此提出了新的意见,但我方更以此合理合法地获取了被诉侵权产品的内部、外部细节,这对获取证据和对产品展开分析无疑是有好处的。本案中,对方虽已进行了公证,但并没有获取能够说明被诉侵权专利技术是否落入专利保护范围的证据,我方通过公证才获得了决定性的证据。虽然新冠疫情已经告一段落,但积极公证仍可以为不特定情况下的法院工作提供便利,也可以为进一步分析提供事实抓手。

此外,本案审理过程中法官多次要求公证,并且亲自前往现场勘验,前后共进行了4次公证,这表明法院乃至于整个司法环境对于知识产权案件态度的严谨化,因此更要注重证据收集。

(三)总结

公证是指公证机关依据自然人、法人或者其他组织的申请,依照公证法律、法规规定的法定程序对民事法律行为、有法律意义的事实和文书的真实性、合法性予以证明的活动和过程。对证据的公证可以有效保证其真实性,极具公信力。然而公信力不同于效力,对方所举的公证证据不一定能够有

效地解决案件中证据方面的全部问题。积极公证可以帮助在举证质证阶段以事实为依据提出合理主张,使得证据间的对照有迹可循。在法院态度日益严谨的背景下,合法、精确、有效、关联度高的证据更可能使其相信我方主张。

空调器室内机的实用新型专利不侵权抗辩之路

——某制冷设备有限公司与某设备电器股份有限公司的专利权侵权纠纷案

一、案件焦点

本案涉及名称为“空调器室内机”的实用新型专利侵权案,在诉讼期间主要涉及三个焦点问题:

1.《专利法》第59条(2008年《专利法》)规定的权利要求内容解释原则的适用;

2. 权利要求内容解释原则对实用新型专利中效果特征的适用;

3. 权利要求书中的相关权利要求对权利要求内容解释的适用。

在一审判决和二审判决中,对于所述三个焦点问题给出了大致相同的论断,具体内容可供类案处理时借鉴。

二、案件概况

(一)案件当事人

上诉人(原审原告,专利权人):某设备电器股份有限公司(以下简称某电器公司)

被上诉人(原审被告):某制冷设备有限公司(以下简称某设备公司)

原审被告:北京某商贸有限公司

案件性质:实用新型专利民事侵权一审和二审

裁判文书:(2019)京行最高法知民终332号

涉案专利:ZL201020154196.7,空调器室内机

(二)案件过程

本案经历了民事诉讼一审阶段和民事诉讼二审阶段。

民事诉讼一审阶段:某电器公司以某设备公司未经许可,为生产经营目的制造、许诺销售、销售侵害涉案专利的"制冷王"系列空调为由,向北京知识产权法院提起侵权诉讼,请求法院判令某设备公司赔偿某电器公司包括为制止侵权所支付的合理开支在内的经济损失人民币5000万元。恒都诉讼律师团队仔细研究了涉案专利及诉讼材料,结合无效程序中某电器公司的自认、复审与无效审理部的认定及行政诉讼期间二审法院的认定,明确权利要求的保护范围,根据具体案情制定相应的诉讼策略,针对某电器公司的各项观点提出反驳理由,并提供证据以佐证自己的观点。最终,北京知识产权法院作出(2017)京73民初361号一审判决,驳回某电器公司的全部诉讼请求,认定被诉侵权产品不构成侵权。恒都律师事务所成功为某设备公司赢得一审。

民事诉讼二审阶段:某电器公司不服一审判决,向最高人民法院提出上诉。经过审判,最高人民法院认定上诉理由不能成立,作出(2019)京行最高法知民终332号二审判决,驳回某电器公司的上诉请求,维持原判。

(三)基本案情

2017年5月9日某电器公司向北京知识产权法院提起侵权诉讼,认为某设备公司制造和销售的"制冷王"系列空调侵犯了涉案专利的专利权。被诉侵权产品证据包括在两家销售商处公证购买的若干种型号的某设备公司牌空调器,产品外包装标注有"广东某制冷设备有限公司"字样;通过互联网在"国美在线"官网上公证购买的某设备公司牌空调器,产品外包装标注有"广东某制冷设备有限公司"字样。

针对本案,一审法院于2018年3月26日举行了庭前会议,法院方面参加庭前会议的人员包括一位承办法官、一位法官助理及一位技术调查官;2018年5月17日,进行开庭审理,法院方面参加开庭审理的人员包括合议

庭三位法官、二位法官助理及一位技术调查官;2019 年 4 月 9 日,法院组织各方当事人谈话,法院方面参加谈话的人员与庭前会议参会人员相同。

2019 年 6 月 5 日,合议庭作出(2017)京 73 民初 361 号一审判决,认定被诉侵权产品不具备权利要求 1 限定的两项技术特征,不构成侵权,驳回某电器公司的全部诉讼请求。本案中,当事人双方关于被诉侵权产品是否具备权利要求 1 限定的两项技术特征存在争议:争议特征 1 为"面板体的前下部与前面板的底部紧密拼接",争议特征 2 为"所述开口的下缘处,设置有后凸台"。一审判决的主要观点为:在判断被诉侵权产品是否落入一项权利要求的保护范围时,首先要确定专利的保护范围,而专利权保护范围的确定,则需要明确权利要求的内容。具体到本案中,关于争议特征 1,需要明确的是权利要求中所使用的技术术语"紧密拼接"的含义。在整体考虑背景技术、发明所解决的技术问题、技术方案及其技术效果的基础上,结合说明书和附图对争议特征 1 进行理解的情况下,被诉侵权产品不具备争议特征 1"面板体的前下部与前面板的底部紧密拼接"。

关于争议特征 2,一审判决中指出,在专利确权程序、专利民事侵权程序等不同法律程序中,权利要求的解释应当确保其保护范围的一致,以实现权利边界的稳定性和可预期性。通过说明书记载的内容、针对涉案专利的无效决定的认定、相关行政判决的认定来对权利要求 1 的争议特征 2 进行解释,"后凸台"的作用及其技术效果是,后凸台凸出于后壳体所在平面,直接顶住墙面并要使得空调后壳体离开墙面形成空隙,这也是涉案专利权利要求 1 相对于有关现有技术具备创造性的认定基础。被诉侵权产品在安装时,其后壳体是紧贴墙面状态,并无"使得空调后壳体离开墙面从而形成空隙"的结构。因此,比对产品并无如涉案专利权利要求 1 所述的后凸台结构,被诉侵权产品不具备争议特征 2。

某电器公司不服一审判决,向最高人民法院提起上诉,认为一审判决错误地解释涉案专利权利要求 1 的两项争议技术特征,并认为被诉侵权产品具备两项争议技术特征,落入权利要求的保护范围。

最高人民法院于2020年12月30日作出二审判决,认定被诉侵权产品缺少涉案专利权利要求1中的两项争议特征,被诉侵权产品没有落入权利要求1的保护范围,驳回上诉,维持原判。

三、办案手记

恒都律师事务所接受客户委托后,根据专利所涉领域组成了专业的诉讼律师团队办理此案。对原告某电器公司提交的所有诉讼资料进行了全面的梳理分析,对涉案专利进行了透彻的研究,并制定了相应的诉讼策略,包括拆解比对被诉产品以进行不侵权抗辩、检索现有技术以进行现有技术抗辩、检索某电器公司以往诉讼案例从而分析其诉讼习惯、预测其诉讼策略,等等。

明确专利权的保护范围是判断被诉侵权产品是否落入一项权利要求保护范围的前提,《最高人民法院关于审理侵犯专利权纠纷案件应用法律若干问题的解释(二)》第6条第1款规定:人民法院可以运用……生效的专利授权确权裁判文书解释涉案专利的权利要求。为此,除了仔细研究涉案专利本身以对权利要求的内容进行解释之外,诉讼律师团队还密切关注了针对涉案专利的确权程序(包括无效程序和行政诉讼程序),以期准确无误地确定专利权的保护范围。

如一审判决中指出,在专利确权程序、专利民事侵权程序等不同法律程序中,权利要求的解释应当确保其保护范围的一致,以实现权利边界的稳定性和可预期性。在诉讼过程中,诉讼律师团队对专利确权程序的相关进展予以密切的实时关注,对专利确权裁判文书进行认真细致的分析,研究其对不侵权抗辩的影响,给出相应的法律意见并及时与合议庭沟通。

为了更准确、客观地把握案情,诉讼律师团队针对本案特地举办了一场专家论证会,邀请了多位知识产权领域的专家参会。论证会上,诉讼律师团队向与会专家详细介绍了涉案专利的技术方案、侵权诉讼资料、与涉案专利相关的无效案件和行政诉讼等案件背景信息,以确保专家在充分了解案件材料和技术背景的前提下提供专业的论证意见。通过论证会的举办,诉讼律师团队听取并收获了各位专家关于案件的多方面意见,得以更加全面、准确、客观地把握案情,为各项诉讼策略的落实奠定了坚实的基础。

为了全面检验案件准备情况、查漏补缺,以期在庭审期间更好地发挥,提高诉讼效果,恒都律师事务所在开庭前特地安排了一次模拟庭审,办案律师作为被告一方的诉讼代理人参加,同时,律所还指派经验丰富的律师分别作为原告一方和合议庭成员参加,而客户也派多位人员参加了模拟庭审。通过模拟庭审,一方面向客户汇报办案律师对案件的准备情况,另一方面通过演练发现存在的问题进而加以改进,为实际庭审时诉讼水平的提高奠定了坚实的基础。

被诉侵权产品是某设备公司的“制冷王”系列空调。一审程序初期,作为被告一方并不知悉被诉侵权产品具体是哪款或哪几款产品。为了掌握产品销售实情,律师团队在多家实体店及网店对“制冷王”系列产品进行了具体考察,了解到“制冷王”系列是某设备公司 2015 年推出的产品系列,迄今为止,推出了若干系列多款产品,各个系列的产品的主要差别在于颜色和内部性能,其外部形状基本相同。恒都团队通过研究决定,以市面上最热销的一款产品为代表进行拆解比对。即便实际被诉侵权产品并非此型号,也可以沿用类似的分析方法对实际被诉侵权产品进行具体分析,从而掌握诉讼的主动权。

恒都诉讼律师团队在诉讼策略、庭前准备、开庭环节、庭后代理意见起草等各个环节都进行了精心安排和准备,最终,一审和二审判决全面支持了办案律师在各主要诉讼点方面的观点。2019 年 6 月 5 日,一审法院作出判决,认定被诉侵权产品不构成侵权,驳回某电器告诉的全部诉讼请求;2020 年 12 月 30 日,二审法院作出判决,驳回某电器公司的上诉请求,维持原判。

四、(2019)最高法知民终332号判决观点

（一）2008年《专利法》第59条规定的权利要求内容解释原则如何适用

关于后凸台技术特征。对于“后凸台”结构和位置的理解，应当结合涉案专利后凸台的功能进行理解。根据涉案专利说明书的记载，涉案专利设置后凸台的目的是“所述后凸台顶住墙面致使后壳体和墙面之间具有排水管和冷媒连接管的安装空间”，“使空调器室内机整体的外轮廓产生了独特的视觉效果，成为一款个性化特征明显的新机型，对于改善空调器美观性方面起到明显提高作用”。按照通常理解，“顶住”应当存在后凸台向墙面施加力的作用，而不仅仅是接触或贴近，否则无法实现“顶住”，也无法实现使“后壳体和墙面之间具有排水管和冷媒连接管的安装空间”。因此，无论后凸台是否突出于后壳体所在平面，后凸台应当能够使壳体与墙面之间形成空间。本案中，被诉侵权产品面板体背部虽然也存在凸起，但该凸起并未顶住墙面，也没有使后壳体与墙面之间形成空间，故不属于涉案专利权利要求1记载的“后凸台”。

（二）权利要求内容解释原则对于实用新型专利中效果特征如何适用

关于紧密拼接技术特征。通过涉案专利权利要求1自身对其技术方案的描述，结合说明书及附图的理解，被诉侵权产品不具有紧密拼接技术特征。涉案专利权利要求1同时记载“紧密连接”和“紧密拼接”两个技术特征，即“位于前面并与面板体紧密连接的前面板”及“面板体的前下部与前面板的底部紧密拼接”。由于实用新型专利保护的是产品的形状、结构或者二者的结合，因此，上述“连接”和“拼接”不应仅仅是前面板和面板体之间的结合状态，而是指二者实现结合的具体结构方式。虽然拼接可以认为属于连接的下位概念，即可以是相同的连接方式或结构，但按照通常理解，“紧密连接”和“紧密拼接”两个技术特征应当对应两个独立的结构或连接方式。被诉侵权产品仅在出风口上方存在卡扣和卡槽，即仅存在一种连接结构，如果该卡扣和卡槽是为了实现前面板和面板体的紧密连接，则被诉侵权产品缺

少能够实现"紧密拼接"的连接结构。

（三）权利要求书中的相关权利要求对权利要求内容解释如何适用

从"面板体的前下部"的位置看，涉案专利权利要求1和权利要求9均存在"面板体的前下部"及"前面板底部"的记载，故在确定面板体前下部位置时，应当作相同的理解。因此，权利要求1记载的"面板体前下部"对应的位置应为被诉侵权产品出风口的下部，而不是上部。被诉侵权产品由于存在出风口，前面板的底部与面板体的前下部不可能实现紧密拼接。

五、复盘与总结

（一）"说明书及附图可以用于解释权利要求的内容"在技术特征的结构和位置解释方面的应用

在侵权诉讼中，一项权利要求保护范围的确定是进行侵权比对的前提和基础，而为了确定权利要求的保护范围，需要明确技术特征、技术术语所表达的含义或者所表明的结构和位置。

根据2008年《专利法》第59条第1款的规定，发明或者实用新型专利权的保护范围以其权利要求的内容为准，说明书及附图可以用于解释权利要求的内容。根据2008年《专利法》的该条规定，在一项权利要求中的某一技术特征或技术术语不明确时，说明书及附图可以作为解释的基础。

在本案中，权利要求1中限定有"后凸台"，由于"后凸台"含义不清，导致原、被告双方对被诉侵权产品是否具备该特征存在争议。针对该争议点，二审判决基于2008年《专利法》第59条第1款规定的权利要求解释原则，以涉案专利说明书中记载的"后凸台"所实现的功能来明确争议特征的特定含义，并通过认定被诉侵权产品是否具备相应的功能来判定被诉侵权产品是否具备该特征。"说明书及附图可以用于解释权利要求的内容"这一规定相对宽泛，而在实际办案过程中，需要根据具体情况来确定依据说明书的哪个或哪些部分来解释权利要求某一特征的含义，该案为我们提供了一定的指引作用。此外，关于实用新型专利记载的以效果限定的技术特征如何解释的问题,该案也给予了我们相应的指引。

（二）开拓思路听取多方面意见,为开庭做好充分的准备

律师办案可能由于多种原因出现对案件理解的偏差,其中一个原因是完全站在我方当事人一方来看待案件,第二个原因是过于将注意力关注于案件本身的细节而忽略全局,而客观、全面、准确地把握案件对办案质量和结果影响甚大。

为了客观、全面地把握案件,征得律所同意,诉讼律师团队针对本案举办了一场专家论证会,通过举办论证会,诉讼律师团队一方面听取并收获了多位业内专家关于案件的多方面意见,另一方面就一些疑难问题通过咨询而得以更深刻地理解,为提高办案质量奠定坚实的基础。

（三）为开庭做好充分的准备

庭审是一项对抗性非常强的法律工作,而且法庭质证与法庭辩论涉及诸多事项,认真研究案情、制定诉讼策略的重要性如何强调也不为过。虽然诉讼律师会在开庭前进行细致认真的案情梳理和准备,但在实践中也很难避免出现疏漏。而通过模拟庭审,可全面地检验诉讼律师对案件的准备情况,并从中发现存在的疏漏和问题,为提高办案律师的庭审质量奠定坚实的基础。

现有技术公开内容的认定问题

——湖南某电梯公司的实用新型无效行政诉讼案

一、案件焦点

本案涉及多层住宅楼加装电梯领域的实用新型专利，在其确权过程中主要的焦点问题如下：

1. 被诉决定将证据 JP2003－232136A（被诉决定证据 1）的垂壁开口对应涉案专利电梯出入口是否错误；

2. 根据证据 1 公开的“为减轻拆除工程压力，2 楼通往 1 楼的下行侧楼梯部分 2A 和下行侧楼梯平台 12A 建议不拆除”，是否能够得出其他楼层的下行侧楼梯部分 2A 以及下行楼梯平台 12A 也可以拆除的结论。

在一审判决中，对于上述焦点问题给出了不同的论断，其中的理由和认定标准对相关类案具有重要的借鉴意义。

二、案件概况

（一）案件当事人

原告：湖南某电梯有限公司（以下简称某电梯公司）

被告：原国家知识产权局专利复审委员会（以下简称原复审委）

第三人：湖南省某信息科技有限公司（以下简称某科技公司）

案件性质：实用新型专利无效行政诉讼一审

裁判文书：（2021）京 73 行初 13175 号

涉案专利:ZL201721402832.1,多层住宅楼加装电梯后的建筑结构

(二)案件过程

本案经历了专利无效阶段、专利无效行政诉讼一审阶段。

专利无效阶段:某科技公司用日本专利 JP2003－232136A 住户出入用升降设备的增设方法及施工流程作为主要证据,将某电梯公司名称为:"多层住宅楼加装电梯后的建筑结构"的实用新型专利权宣告无效。

北京知识产权法院一审判决撤销原无效决定。

(三)基本案情

2020 年 11 月 25 日,某科技公司向原复审委提出无效宣告请求,主要认为涉案专利不符合 2008 年《专利法》第 22 条第 3 款的规定。主要证据为日本专利 JP2003－232136A 住户出入用升降设备的增设方法及施工流程。

2021 年 5 月 14 日,原复审委发出第 49813 号无效宣告请求审查决定书,认定涉案专利不符合 2008 年《专利法》第 22 条第 3 款的规定,宣告涉案专利全部无效,主要理由为"本专利权利要求 1—6 均不具备 2008 年修正的《中华人民共和国专利法》第 22 条第 3 款规定的创造性,应予以全部无效"。

某电梯公司不服上述无效决定,向北京知识产权法院提起行政诉讼一审。一审法院于 2021 年 12 月 27 日作出判决,认为"考虑到实践中大多数老旧住宅楼结构的实际情况,本专利作为实用新型专利,其权利要求 1 的技术方案在尽可能减少对建筑物拆除的前提下实现了无障碍入户,工程难度低,对建筑物的结构影响小,已经具有实质性特点和进步,具备《中华人民共和国专利法》第 22 条第 3 款规定的创造性。在本专利权利要求 1 具备创造性的基础上,直接或间接引用自权利要求 1 的权利要求 2—6 亦具备创造性,符合《中华人民共和国专利法》第 22 条第 3 款的规定。判决撤销原无效决定,由专利复审委员会重新作出审查决定"。

三、办案手记

恒都律师事务所接受客户委托后,根据客户需求以及结合涉案专利所

属技术领域组成了专业的律师团队，全面分析无效程序的全部材料，经过多次讨论，最终确定一审行政诉讼的方向性意见，包括被诉决定中证据 1 中垂壁开口对应涉案专利电梯层楼出入口是错误的、被诉决定漏评“连接部于电梯层楼出入口形成高度差”、被诉决定没有考虑证据 1 的外部走廊与安装楼梯之间及其与其他构件之间的相互依赖关系等理由并有针对性地制定诉讼方案，逐步落实诉讼策略。

无效程序中，原复审委认为，将证据 1 中应用于日本集合住宅的加装电梯平层入户方案改造为涉案专利无须付出创造性劳动。为验证证据 1 中加装电梯平层入户的技术方案在中国老旧楼房中无法实施的问题，恒都团队梳理分析已有的无效宣告所依据的证据，并到中国老旧楼房中进行了现场勘验，通过收集采用涉案专利技术方案实际施工效果的相关证据，认为：在没有看到涉案专利的情况下，将证据 1 中的技术方案直接应用于中国老旧楼房，确实存在无法避免拆掉旧楼梯的问题，从而证明涉案专利相对被诉决定证据 1 具有减少对建筑物拆除，对建筑物的结构影响较小等实质性特点和进步，具备《专利法》第 22 条第 3 款规定的创造性。同时采集的实际施工效果的相关证据立体展现出涉案专利与无效宣告所依据证据的技术方案以及技术效果的不同，让法官直观理解涉案专利的技术方案以及技术效果，最终合议庭支持了恒都团队的观点。

经过恒都团队从诉讼策略、诉讼文件、开庭环节的精心准备，最终，一审判决全面支持了办案律师在主要诉讼点方面的观点。认定涉案专利符合《专利法》第 22 条第 3 款规定的授权条件，被诉决定认定事实有误，应予以撤销。

四、(2021)京 73 行初 13175 号判决观点

北京知识产权法院一审判决相应观点包括：

(一)被诉决定将证据 1 中的垂壁开口对应涉案专利电梯出入口是否错误

被诉决定将证据 1 中垂壁 15 在每层楼拆除的用于穿行通道 6 通往电梯

的开口与涉案专利的电梯层楼出入口对应是否有误，被诉决定是否遗漏了区别技术特征，即“连接部与电梯层楼出入口形成高度差”；涉案专利中连接部被外墙体所封闭，故相应地需要拆除改造连接部的部分外墙体以形成入户通道；证据1中的楼梯平台12系开放设计且凸出于整体墙体，形成了类似于阳台的结构，故相应地需拆除楼梯平台12的扶手壁，且另需拆除垂壁15以防止其阻碍居民通过穿行通道6。证据1中的垂壁15仅处于楼顶位置，而非被诉决定所认定的“垂壁15每层楼的拆除部分形成的开口是为了设置通往电梯的穿行通道”。证据1的楼梯平台12本系开放设计，通过拆除楼梯平台12的扶手壁以及楼梯位置的垂壁15形成方便通行的开口。由证据1公开的内容可知，其对应穿行通道6的墙体处的开口与对应楼梯平台12的下行侧部分12A在墙体处的开口，并非位于同一高度。显然，前者与楼梯平台之间存在高度差，后者与楼梯平台之间则不存在高度差，被诉决定对此认定时仅考虑了前者，确有不当，被诉决定认定“证据1的图4—6可以看出垂壁15每层楼的拆除部分形成的开口是为了设置通往电梯的穿行通道以方便出入”有误。

（二）被诉决定将证据1中的下行侧楼梯部分2A以及楼梯平台12的下行侧部分12A认定为可以不拆除是否错误

根据证据1说明书的记载，其仅公开了“为减轻拆除工程压力，2楼通往1楼的下行侧楼梯部分2A和下行侧楼梯平台12A建议不拆除”，而其他楼层的下行侧楼梯部分2A以及下行楼梯平台12A均应予以拆除，而非被诉决定所认定的可根据实际情况进行选择。原因在于：穿行通道与位于其上部的对应下行侧楼梯平台12A之间的高度差仅约为一般楼层高度的一半，即1.5m左右，若不进行拆除，将影响居民的正常通行。涉案专利所实现的效果为斜坡入户，因而在保留上半层楼梯的情况下，所述斜坡与位于其上部的对应上半层之间仍存在足够的高度差，不会影响居民的正常通行。鉴于此，涉案专利在尽可能减少对建筑物拆除改造的前提下实现了无障碍入户，工程难度较低，且对建筑物的结构影响较小。

五、复盘与总结

（一）"具有实质性特点和进步"在判断实用新型专利的创造性中的应用

在判断实用新型专利是否符合《专利法》第22条第3款的规定时，在与其看似非常接近的最接近对比文件进行比对时，更要注重细节，深入二者的不同点，特别是使涉案专利技术方案具有实质性特点和进步有技术贡献的点，并结合其实质解决的核心问题，取得相对对比文件所具有优势的技术手段，但是也不能忽略二者所解决技术问题的对象不同。

针对涉案专利，审查决定在论证过程中忽略了涉案专利与对比文件所解决技术问题的作用对象具有实质的不同，没有真正挖掘出二者在解决技术问题过程中，两个相似技术方案因作用对象不同从而产生了实质性不同。

（二）对争议问题锲而不舍地努力和寻找事实依据

本案从2020年11月提起无效宣告请求，到2021年底行政诉讼一审判决尘埃落定。恒都团队在接手本案之后，深入收集证据，实地现场勘验，验证证据1专利即日本集合住宅的加装电梯平层入户专利在中国老旧楼房中无法实施的问题，在没有看到涉案专利的情况下，将证据1日本专利直接应用于中国老旧楼房，确实存在无法避免拆掉旧楼梯的问题，从而说明决定书中原复审委将证据1日本专利的楼房开口对应于涉案专利的电梯出入口是错误的，另外，取得了涉案专利相对证据1在尽可能减少对建筑物拆除改造的前提下实现了无障碍入户、工程难度较低、对建筑物的结构影响较小等具有实质特点和进步的事实依据。

最终，恒都团队以自己过硬的专业素质、为客户高度负责的工作态度、严谨高效的工作作风，最终为某科技公司赢得了胜利。

（三）总结

为方便法庭理解争议焦点和我方观点，恒都团队通过结合现场勘验结果立体直观地向法庭展现涉案专利与证据1的不同点、中国老旧楼房与证据1改造对象日本集合住宅的不同点等，让审判者在短时间内快速了解我方的代理意见,从而实现了良好的庭审效果。在技术不难但实用性强的专利案件中,实地调查并现场体会发明人在发明创造过程中面临的问题,能够真正理解专利对现有技术的贡献点及其与现有技术的区别程度,增加获得裁判人员支持我方观点的可能性。

可能有无效不掉的专利

——某照明公司的多件实用新型专利权无效案

一、案件焦点

本案涉及照明灯具的实用新型专利，在其确权过程中主要争议焦点如下：

一项权利要求与最接近的现有技术相比存在区别技术特征，有没有被其他现有技术所公开，有无证据证明其属于本领域的公知常识，基于该区别使所要求保护的技术方案是否可以获得有益效果，相对现有技术是否具有实质性特点和进步，该项权利要求相对于这些证据是否具备创造性。在国家知识产权局针对本案专利作出的多个无效宣告请求审查决定书中，对于所述焦点问题给出了不同角度的论断，其中的理由和认定标准对相关类案具有重要的借鉴意义。

二、案件概况

（一）案件当事人

第一请求人（第45191号决定书）：黄某

第二请求人（第45192号决定书）：中山市某电器照明有限公司（以下简称某电器公司）

第三请求人（第45193号决定书）：中山市某光电科技有限公司（以下简称某光电公司甲）

第四请求人(第 45193 号决定书):广州某科技有限责任公司(以下简称某科技公司甲)

第五请求人(第 45194 号决定书):南京某科技股份有限公司(以下简称某科技公司乙)

第六请求人(第 45194 号决定书):中山市某照明科技有限公司(以下简称某照明公司乙)

第七请求人(第 45194 号决定书):中山市某光电科技有限公司(以下简称某光电公司乙)

第八请求人(第 45194 号决定书):中山市某照明有限公司(以下简称某照明公司丙)

第九请求人(第 45194 号决定书):中山市古镇某灯饰配件店(以下简称某灯饰公司)

专利权人:某照明股份有限公司(以下简称某照明公司甲)

案件性质:实用新型专利无效宣告请求

裁判文书:国家知识产权局第 45191、45192、45193、45194 号无效宣告请求审查决定书。

涉案专利:ZL201420786653. 2,一种磁性安装元件及光学模组、照明模组及照明灯具

(二)案件过程

本案共计 9 个无效宣告请求人,通过采用不同的无效理由和不同证据以及证据组合针对涉案专利向国家知识产权局提起无效宣告请求。国家知识产权局以“2017 年 2 月 15 日作出第 31387 号无效宣告请求审查决定书,宣告涉案专利权利要求 1—6 无效,在权利要求 7—23 的基础上继续维持该专利有效”。作为审查基础,并未采纳上述 9 个请求人的证据使用方式和以及相关无效理由,在权利要求 7—23 的基础上维持涉案专利有效。

(三)基本案情

2018 年 1 月 5 日,黄某向原国家知识产权局专利复审委员(以下简称原

复审委)提出无效宣告请求,认为涉案专利不符合2008年《专利法》第22条第2款和第3款的规定。主要证据为多份公开日或公告日在涉案申请日之前的公开专利文献,以证明涉案专利权利要求7、8、9、12—17、20不符合2008年《专利法》第22条第2款的规定,权利要求7—23不符合2008年《专利法》第22条第3款的规定。

2018年5月21日,某电器公司向原复审委提出无效宣告请求,认为涉案专利不符合2008年《专利法》第26条第4款、第22条第3款的规定。主要证据为多份公开日或公告日在涉案申请日之前的公开专利文献,以证明涉案专利权利要求7—23不符合2008年《专利法》第22条第3款的规定,权利要求23不符合2008年《专利法》第26条第4款的规定。

某光电公司甲和某科技公司甲分别于2019年1月24日、2019年7月24日,向原复审委提出无效宣告请求;某光电公司甲、某科技公司甲认为涉案专利不符合2008年《专利法》第26条第4款、第22条第3款的规定。主要证据为多份公开日或公告日在涉案申请日之前的公开专利文献以及涉案专利同申发明专利审查意见通知书、驳回决定书,以证明涉案专利权利要求7—23不符合2008年《专利法》第22条第3款的规定,权利要求9、17不符合2008年《专利法》第26条第4款的规定。

某科技公司乙、某照明公司乙、某光电公司乙、某照明公司丙、某灯饰公司分别于2019年4月29日、2019年9月25日、2019年9月25日、2019年12月25日、2019年12月25日,向原复审委提出无效宣告请求;某科技公司乙、某照明公司乙、某光电公司乙、某照明公司丙、某灯饰公司认为涉案专利不符合2008年《专利法》第26条第3款、第22条第3款的规定,主要证据为多份公开日或公告日在涉案申请日之前的公开专利文献以及涉案专利同申发明专利审查意见通知书、驳回决定书,以证明涉案专利权利要求1—23不符合2008年《专利法》第22条第3款的规定,权利要求10、18不符合2008年《专利法》第26条第3款的规定。

三、办案手记

恒都律师事务所接受客户委托后，迅速组成了专业的律师团队全面分析上述多次无效程序中请求人提供的证据材料和相关无效理由，经过多次讨论，最终确定无效的方向性意见。

针对请求人黄某提出的相关无效请求理由，提出请求人依据证据并未公开由非磁性基座和与该非磁性基座结合为一体的强磁体构成的磁性安装元件。同时也没有证据表明上述区别特征属于本领域技术人员惯用手段的直接置换。请求人证据中并没有公开涉案专利具有光学部及电源驱动收容部的光学模组、覆盖组装于一光源模组为其配光并提供绝缘保护的光学模组等技术特征，也没有给出相应的技术启示，进而也没有公开相关技术特征的具体结构，也没有证据表明其属于本领域的公知常识。请求人现有证据及其相关组合无法破坏涉案专利权利要求的创造性。

针对请求人某电器公司提出的相关无效请求理由，提出权利要求 23 限定所述磁性安装元件组装于光学模组的位置与照明模组的重心匹配，如此设置是出于安装稳定性考虑而提出的，其中基于其所引用的权利要求 21 的限定，有关光学模组、照明模组以及磁性安装元件彼此间的关系以及各自结构是清楚的，其中照明模组包括光学模组、光源模组，当构成照明模组的主要部件，即光学模组和光源模组的结构确定后，照明模组的基本结构则基本确定，其基本的重心位置已经能够确定，进而当设置磁性安装元件的时候，考虑主体结构重心位置而设置相应的磁性安装元件以确保安装稳定性，基于目前权利要求 23 所限定的内容，已清楚限定了磁性安装元件安装位置选择与照明模组的关系，并无歧义，其保护范围是明确清晰的。基于请求人提供的相关证据并未给出涉案专利中利用磁性安装元件将光学模组和光源模组于照明灯具的底盘进行组装的技术启示；未公开涉案专利具有光学部及电源驱动收容部的光学模组，也没有公开涉案专利具有电源驱动区的光源模组以及磁性安装元件等技术特征；也没有证据表明其属于本领域的公知常识。请求人现有证据及其相关组合无法破坏涉案专利权利要求的创造性。

针对某光电公司甲和某科技公司甲提出的相关无效请求理由,提出请求人提供的证据并没有公开涉案专利的光学模组、光源模组以及底盘,同时也没有公开涉案专利的磁性安装元件,也没有公开涉案专利具有光学部及电源驱动收容部的光学模组,也没有给出相应的技术启示。也没有证据表明其属于本领域的公知常识。请求人现有证据及其相关组合无法破坏涉案专利权利要求的创造性。

针对某科技公司乙、某照明公司乙、某光电公司乙、某照明公司丙、某灯饰公司提出的相关无效请求理由,提出专利权利要求 10、18 中,限定"安装部设置有卡扣于所述磁性安装元件的头部的一对扣持部及抵顶于磁性安装元件的台阶部的卡持部,其共同将磁性安装元件收容于安装部内",同时限定磁性安装元件的非磁性基座包括头部、连接部、导引部、台阶部,基于上述限定,明确了安装部中具有卡扣在磁性安装元件头部上的一对扣持部以及抵顶在台阶部的卡持部,即将安装部与磁性安装元件的安装关系及相互配合关系进行了限定。同时,说明书第 0052 段中明确记载了:将磁性安装元件 30 组装于光学模组 20 的安装部 214 时,具有斜面的导引部 313 沿扣持部 2143 的倾斜导引面滑动,直至所述扣持部 2143 压于头部 310 的顶面,及卡持部 2142 卡持于所述台阶部 314。此时,头部 310 沿上下方向卡置于扣持部 2143 与卡持部 2142 之间;周向方向上,收容于一对圆弧形收容部 2141 之间。结合说明书附图 2—5 可知,涉案专利中利用磁性安装元件将与之相固定的光学模组以及位于其上的光源模组一起,利用磁性安装元件的磁性结构与位于光源模组之上的底板相固定。结合说明书所公开的内容,其中已经明确描述了位于光学模组上的安装部中扣持部 2143 压于头部 310 的顶面,使在完成整体装配之后,防止该磁性安装元件在沿其中心轴方向上从安装部中向下移动,卡持部 2142 卡持于所述台阶部 314,确保磁性安装元件与光学模组的相对位置关系不会发生移动,即被所述卡持部 2142 在其台阶周向上被夹持，由此通过扣持部和卡持部的共同作用，将磁性安装元件30的头部310沿上下方向卡置于扣持部2143与卡持部2142之间。至于具体结构，结合说明书附图、说明书明确记载的配合关系以及所属技术领域人员所知晓的内容，可以知晓可实现上述配合关系具体的扣持和卡持结构，即本领域技术人员根据说明书的记载，能够实现权利要求10、18的技术方案。关于涉案专利权利要求是否具有创造性，提出请求人提供的证据并没有公开涉案专利的光学模组、光源模组以及底盘，同时也没有公开涉案专利的磁性安装元件；另外，磁性安装元件的安装位置及其连接部件关系也不同于涉案专利所限定的将光学模组、光源模组利用该磁性安装元件组装在灯具底盘上；也没有公开涉案专利具有覆盖组装于一光源模组为其配光并提供绝缘保护的光学模组等技术特征。也没有证据表明其属于本领域的公知常识。请求人现有证据及其相关组合无法破坏涉案专利权利要求的创造性。

经过恒都团队从应对无效宣告请求策略、陈述文件、口审环节的精心准备，最终，原复审委全面支持了办案律师的主要陈述意见。2020年6月24日，针对上述请求人的无效宣告请求，原复审委发出第45191、45192、45193、45194号无效宣告请求审查决定书，认定涉案专利符合2008年《专利法》第23条第2款、第3款，第26条第3款、第4款的规定，以第31387号无效宣告请求审查决定书为审查基础，宣告维持专利有效。

四、第45191、45192、45193、45194号无效宣告请求审查决定书观点

主要观点为“如果一项权利要求与最接近的现有技术相比存在区别技术特征，但是其没有被其他现有技术所公开，目前也没有证据证明其属于本领域的公知常识，基于该区别使所要求保护的技术方案可以获得有益效果，相对于现有技术具有实质性特点和进步，则该项权利要求相对于这些证据具备创造性”。

五、复盘与总结

(一)实用新型专利创造性的判断

《专利法》第22条第3款规定:创造性,是指与现有技术相比,该发明具有突出的实质性特点和显著的进步,该实用新型具有实质性特点和进步。判断专利创造性在具体案件中包括三个步骤:

第一,确定最接近的现有技术;

第二,确定发明的区别特征和发明实际解决的技术问题;

第三,判断要求保护的发明对本领域的技术人员来说是否显而易见。

作为专利权人,判断请求人提供证据是否可以作为最接近现有技术使用的同时,应当着重关注区别技术特征是否被现有技术公开;本领域的技术人员是否有动机在为了解决上述技术问题时结合对应的已经公开的区别技术特征对现有技术进行改进,进而得到涉案专利相应的技术方案。具体到案件中,应当注重寻找从涉案专利技术方案与现有技术相比使涉案专利具有创造性的区别技术特征或发明点,另外,在寻找上述区别技术特征或发明点时,也要考虑到相关技术特征的作用或技术效果有没有被现有技术公开,进而进行技术启示的判断。从而筑造区别技术特征、作用或技术效果不同、否定其技术启示三道防线,获得国家知识产权局专利局复审和无效审理部的支持。

(二)积极主动、孜孜不倦、认真应对寻找突破点

自2018年1月始,该案件共计有9个申请主体对涉案专利提出无效宣告请求,复审先后进行4次合并审理。鉴于涉案专利的技术方案在照明行业的创新性突破、当事人知名度,本案的审理结果一直受到社会关注;为保证针对该案件的统一裁判尺度,原复审委于2020年7月同一时间作出4份审查决定书;最终维持专利权有效。

恒都团队在接受涉案专利专利权人委托后,针对请求人提出的证据和无效理由进行深入分析研判,寻找案件的突破点,同时也搜集相关证据,针

对每次口审尽心准备并制定不同策略;在口审中,为方便合议组理解争议焦点和我方观点,恒都团队通过演示动画,或模型、实物直观地向合议组展现涉案专利与证据的不同点或现有设计状况等,证明与请求人提供证据的技术方案在整体结构、位置关系、作用和实现的技术效果上均存在差异。让审查员在短时间内快速了解我们的代理意见,从而实现了很好的口审效果,为某照明公司甲赢得了胜利。

技术特征的等同认定问题

——山东某杯业有限公司与刘某的实用新型专利权侵权纠纷案

一、案件焦点

本案涉及技术特征等同的认定问题。

在一审判决和二审判决中，对于被诉侵权产品的隔水结构和过滤机构与涉案专利是否构成等同给出了不同角度的论断，其中的理由和认定标准对相关类案具有重要的借鉴意义。

二、案件概况

（一）案件当事人

上诉人（原审被告）：山东某杯业有限公司（以下简称某杯业公司）

被上诉人（原审原告）：刘某

案件性质：实用新型专利侵权纠纷案二审

裁判文书：（2019）最高法知民终154号

涉案专利：ZL201520147396.2，一种具有茶水隔离功能的双层玻璃口杯（专利1）

（二）基本案情

山东某杯业有限公司与刘某实用新型专利侵权纠纷一案，在案号为（2018）鲁01民初2649号的一审程序中，某杯业公司所生产的产品被判定为落入专利保护范围，侵犯对方专利权，形势非常被动。针对这一情况，恒都团队与某杯业公司积极沟通，最终明确了诸多不侵权抗辩的理由，并在侵权二审中向法官详细地讲明涉案专利与被诉侵权产品之间的实质技术区别，法院最终支持恒都团队全部观点，认定不侵权抗辩成立。

基于此，最高人民法院知识产权法庭作出二审判决，撤销一审判决，驳回刘某全部诉讼请求。至此恒都律师在获得最高人民法院合议庭认可的同时，也为某杯业公司赢得了最终的全面胜利。

（三）案件过程

本案是刘某首先发起的专利侵权案件，在最高人民法院知识产权法庭立案后，不到两个月就开庭进行了审理，由于案情较为复杂，关联案件也比较多，合议庭在庭后还与双方分别进行了多次沟通，调查相关案件事实。

与本案相关的案件还有：某杯业公司请求涉案专利（专利1）无效的专利确权案（决定号为42126号的关联案件1），山东某玻璃工艺制品厂请求专利权人为某杯业公司创始人王某、专利号为201520383259.9、名称为“一种具有茶水隔离功能的双层玻璃口杯”实用新型专利无效的专利确权案（决定号为42158号的关联案件2）。

关联案件1：第42126号无效决定认为，专利1权利要求1与201220650640.3号专利（某杯业公司的创始人王某早期申请的专利）相比，前者是双挡片结构，通过上、下挡片配合（如相对旋转）实现水杯上下腔空间的互通或隔离的目的，后者是单金属密封片结构，通过顶杆与其连接可使其上升或下降实现水杯上下腔空间的互通或隔离的目的。

关联案件2：第42158号决定认为，该专利（专利号为201520383259.9、名称为“一种具有茶水隔离功能的双层玻璃口杯”的实用新型专利）修改后的权利要求1与证据5（涉案专利1）杯体结构相同，但是在隔离装置组件的具体构成上存在区别，两个方案在产品结构、加工制造和装配使用上均存在不同，该专利比证据5具有更好的密封效果，因此该专利权利要求1相对于证据5技术方案不同、效果不同，具备新颖性。

第42158号决定中的专利的专利权人为某杯业公司的创始人王某，其修改后的权利要求1方案(原权利要求2)与被诉侵权产品完全相同,二者都是具有茶水隔离功能的双层玻璃口杯,包括上盖、下盖、双层杯体和隔离装置组件四大部分,其中的隔离装置组件的玻璃密封片与杯体内壁的环形凹槽烧结在一起。

三、办案手记

在本案过程中,恒都律师团队首先详细分析并阐释了涉案专利权利要求的实际技术含义,并指出相对于现有技术做出实质性技术贡献的主要特征,然后基于这一主要特征,细致比较涉案专利与被诉侵权产品的区别。

在所要解决的技术问题方面,阐明被诉侵权产品正是考虑到涉案专利中的技术方案存在着容易渗水的缺陷,才对产品进行了实质性的改进;在制造方法方面,在法庭上分别展示了涉案专利与被诉侵权产品在制造过程中所采取的完全不同的工艺流程;在部件的结构布置方面,阐明被诉侵权产品不具有"向内凸起的凸环"这一技术特征,更不具有"凸环的上端卡接有下挡片,下挡片的上方设置有上挡片"的技术特征。

另外,还向合议庭出示了某杯业公司及其创始人王某所申请的一系列专利文件,表明某杯业公司多年前就已经知晓了"杯体内设置凸环以实现挡片、过滤片的卡定"的布置方式,同时正是由于某杯业公司认识到了这种结构容易出现"渗水"现象,才摒弃了凸环结构,转而采用内熔玻璃片的结构,所以涉案专利中带有凸环结构的杯体,相对于被诉侵权产品而言,是某杯业公司技术发展路线的一个已经跨越过的技术节点,其已经与当前的被诉侵权产品完全不同。

开庭以后,恒都律师在收到相关无效案件的行政决定时,及时与合议庭进行了沟通,并结合相关专利确权程序中认定的内容,书面向合议庭进一步陈述了被诉侵权产品与涉案专利不构成等同的理由。

最终,合议庭认可了某杯业公司的不侵权抗辩意见,认为被诉侵权产品的技术特征与涉案专利权利要求的相关技术特征虽然功能效果基本相同,但手段并不相同,不构成等同。被诉侵权产品未落入涉案专利权利要求的保护范围。

四、(2019)最高法知民终154号判决观点

最高人民法院认为:等同特征是指与所记载的技术特征以基本相同的手段,实现基本相同的功能,达到基本相同的效果,并且本领域普通技术人员在被诉侵权行为发生时无须经过创造性劳动就能够联想到的特征。然而,如果被诉侵权产品相对于权利要求的技术方案,可以实现基本相同的功能,达到基本相同的效果,但所使用的技术手段不同时,如果现有技术已经公开了功能和效果基本相同的产品,涉案专利与现有技术的区别仅在于相关技术手段的不同,则被诉侵权产品与涉案专利的相关技术手段不构成等同。

五、复盘与总结

关于等同特征的“三基本 + 一创造”认定标准问题

当被诉侵权产品与涉案专利的相关技术特征要解决的技术问题、实现的功能、产生的技术效果相同或基本相同时,判断被诉侵权产品与涉案专利采用的技术手段是否基本相同以及本领域技术人员是否容易想到时,不仅要考虑二者技术手段的差异,还要考虑涉案专利申请日之前的现有技术情况,结合涉案专利对现有技术的贡献来判断。对于现有技术已经公开的技术特征,不属于涉案专利的发明点,不应该再对涉案专利的技术特征进行扩大解释。

对于本案来说,现有技术(某杯业公司的创始人王某在先申请的专利)已经公开了通过在杯体内层中下部设置环形凹槽(相当于涉案专利“向内凸起的凸环”)并设置密封片(相当于涉案专利的“挡片”)、过滤片的方式在杯内实现茶、水分离的情况下,在杯体内层中下部设置环形凹槽并通过密封片和过滤片实现隔水功能并非涉案专利的发明点,被诉侵权产品与涉案专利

虽然都具有隔离茶、水的功能，但二者下挡片与凸环连接位置和手段不同，过滤网与凸环连接手段不同，凸环的功能也不相同。因此，被诉侵权产品的上述技术特征与涉案专利虽然功能、效果基本相同，但技术手段并不相同，不构成等同。

化学医药领域

方法专利侵权案件中的举证责任转移

——上海某生物技术公司与山东某生物科技公司发明专利权侵权案*

一、案件焦点

本案涉案专利为产品制备方法，举证难度较大，举证过程中主要包括两个焦点问题：

1. 关于涉案产品为新产品的观点在获得法院支持的情况下，上海某生物技术公司、某（金乡）生物材料有限公司是否已经完成其举证义务以及举证责任应该如何分配；

2. 莱阳市某生物制品经营有限公司、山东某生物科技有限公司提交的证据是否足以证明其实施的方法不同于涉案专利方法。

二、案件概况

（一）案件当事人

原告一：上海某生物技术公司（以下简称某生物公司）

原告二：某（金乡）生物材料有限公司（以下简称某金乡公司）

被告一：莱阳市某生物制品经营有限公司（以下简称某生物制品公司）

被告二：山东某生物技术有限公司（以下简称某技术公司）

被告三：山东某生物科技有限公司（以下简称某科技公司）

---

* 本案被最高人民法院收录为2021年中国法院十大知识产权案件和50件典型知识产权案例。

案件性质：发明专利侵权诉讼

裁判文书：(2021)最高法知民终1305号

涉案专利：ZL201010160266.4，生物发酵法生产长碳链二元酸的精制工艺

(二)案件过程

本案经历了侵权纠纷一审阶段、侵权纠纷二审阶段。

专利侵权诉讼一审阶段：

2020年12月8日，青岛市中级人民法院开庭审理本案。法院认为本案的争议焦点是：(1)被告某技术公司是否实施了侵权行为；(2)被告某生物制品公司、被告某科技公司生产、销售十二碳二元酸产品的行为是否侵犯涉案专利权。关于争议焦点一，法院经审理认为，某技术公司仅向某生物制品公司、某科技公司出租厂房及设备，其并没有生产、销售长碳链二元酸产品，某生物公司、某金乡公司并未提供证据证明某技术公司存在实施侵犯涉案专利权的行为，故某生物公司、某金乡公司向法院提出的判令某技术公司立即停止使用该涉案专利，立即停止销售、许诺销售依照该专利方法直接获得的产品的诉讼请求没有事实和法律依据，法院不予支持。法院认为，产品制造方法体现在产品的制造过程中，权利人难以证明被诉侵权人使用了专利方法，不应机械遵循基本的举证责任分配原则。在权利人已经提供证据证明被诉侵权人生产、销售的产品与涉案专利直接获得的产品相同，对证明被诉侵权产品制造方法与专利方法相同已尽最大合理努力的情况下，证明责任即发生转移。在被告没有提交其研发生产十二碳二元酸产品的精制工艺资料等证据的情况下，无法认定其区别于涉案专利，应当认定被告某生物制品公司生产、销售十二碳二元酸产品的行为侵犯了原告某生物公司的发明专利权，被告某科技公司也侵犯了原告某生物公司的发明专利权。

专利侵权诉讼二审阶段：

二审法院认定原审查明的事实基本属实。二审争议焦点是：(1)本案举证责任问题；(2)某生物公司、某金乡公司是否已经完成其举证义务；(3)某

生物制品公司、某科技公司提交的证据是否足以证明其实施的方法不同于涉案专利方法;(4)某生物制品公司、某科技公司主张的涉案专利权保护范围不清楚、权利要求不稳定的理由,是否影响本案的正常审理。某生物公司及某金乡公司应该对如下事实承担举证责任:(1)某生物制品公司、某科技公司制造的产品与涉案专利方法制造的产品属于相同产品;(2)某生物制品公司、某科技公司制造的产品经由涉案专利方法制造的可能性较大;(3)某生物公司、某金乡公司为证明某生物制品公司、某科技公司使用了涉案专利方法尽到合理努力。某生物公司和某金乡公司已经履行其相应的举证义务,某生物制品公司、某科技公司是否实施了与涉案专利相同的制造方法的举证责任转移至某生物制品公司、某科技公司,但某生物制品公司、某科技公司提交的证据不足以证明其实施的方法不同或者不等同于涉案专利方法,应承担不利的法律后果。

(三)基本案情

某生物公司系涉案专利(专利号:201010160266.4、名称为“生物发酵法生产长碳链二元酸的精制工艺”)的专利权人,某金乡公司为涉案专利的普通被许可人,有权与某生物公司共同提起侵权诉讼。

被告某技术公司的长碳链二元酸项目使用了与涉案专利相同的工艺。某技术公司在明知其生产线实际使用的工艺与涉案专利的技术方案相同,但仍然将该生产线以畸低价格租赁给某生物制品公司,某生物制品公司接手经营某技术公司的侵权生产线后,相关生产工艺并未发生改变,仍然使用与某技术公司完全相同的工艺,并对外许诺销售、销售使用涉案专利技术方案获得的长碳链二元酸产品,侵害了某生物公司的涉案专利。

在实施了上述侵权行为的基础上,某生物制品公司又将某技术公司的侵权生产线的租赁权、管理权转移给了某科技公司,由某科技公司负责使用涉案专利生产、销售侵权的长碳链二元酸产品,某生物制品公司、某科技公司、某技术公司的行为共同构成对某生物公司涉案专利权的侵害。

2019 年 6 月,某生物公司和某金乡公司以某生物制品公司、某科技公司、某技术公司侵害涉案专利权为由，向青岛市中级人民法院起诉，要求三被告立即停止侵权行为并赔偿损失，青岛市中级人民法院经过审理后作出一审判决，判决被告某生物制品公司停止侵权行为并赔偿两原告200万元，被告某科技公司停止侵权行为并赔偿两原告300万元。

某生物制品公司和某科技公司不服该一审判决，向最高人民法院知识产权法庭提起上诉，最高人民法院经过审理后判决，驳回上诉，维持原判。

三、办案手记

（一）积极举证并且已经尽力完成自身举证义务

首先，通过积极举证并通过对证据的分析梳理，律师团队详细地向法庭陈述现有证据足以认定某科技公司的产品与涉案专利方法制造的产品属于相同产品。

其次，通过对涉案项目环评报告的报批文件的分析并结合国家相关规定，律师团队详细地向法庭陈述了某生物制品公司、某科技公司制造的产品经由涉案专利方法制造的可能性较大。

最后，为证明某生物制品公司、某科技公司使用了涉案专利方法，律师团队在一、二审中均积极举证，举证内容包括但不限于检测报告、在先判决、侵权样品的公证固定、测试报告、环评报告等，已尽到合理努力。

（二）积极分析对方证据

通过对涉案专利技术的生产工艺、现场勘验状态及国家标准的相关要求等内容进行分析计算，律师团队详细地向法庭陈述了现场勘验结果的不真实性，不足以证明其实施的方法不同于涉案专利方法。

恒都律师团队通过多方面的举证，向法庭证明了某生物公司、某金乡公司作为原告已经完成了举证义务，证明责任发生了转移，转由某生物制品公司、某科技公司举证证明其长碳链二元酸的制造方法不同于涉案专利方法。最终，法院认定某生物制品公司、某科技公司提交的证据不足以证明其实施的方法不同于涉案专利方法，其行为构成侵权。

四、复盘与总结

民事诉讼实行“不告不理”的原则，提起诉讼一方须承担主张事实的证明责任。但随着技术发展，若在部分专利诉讼中仍按照正常的举证责任分配，要求原告一方承担举证责任，可能会存在某些客观原因导致提出相应主张的一方当事人难以或无法就主张事实提供证据。在这种情况下，进行举证责任转移，由另一方当事人承担举证责任更为合理。

法院对举证责任转移的适用主要考虑的是原告或被告进行举证的难易程度。在以本案为例的非新产品制造方法发明专利侵权纠纷中，《专利法》并未对涉及被诉侵权产品制造方法的举证责任如何承担作特别规定，而产品制造方法体现在产品的制造过程中，权利人难以证明被诉侵权人使用了专利方法，此时在权利人已尽最大合理努力证明的情况下，举证责任转移更符合公平原则和诚实信用原则，更有利于查清案件事实。

李国光主编的《最高人民法院〈关于民事诉讼证据的若干规定〉的理解与适用》中关于准确识别举证责任分配的方法写道：“在侵权责任构成要件中，我们通常见到的是过错推定、因果关系推定……在要件事实中，损害的证明较为容易，因而一般无需推定……通常而言，需要法律推定的要件事实一般是受害人难以证明的事实，经过推定，可以减轻受害人的举证负担，使受害人比较容易获得赔偿救济。因此，法律推定本身不仅反映了前提事实与推定事实之间的密切联系，也是立法者价值观的一个体现。”

《最高人民法院关于适用〈中华人民共和国民事诉讼法〉的解释》第 108 条第 1 款规定：对负有举证证明责任的当事人提供的证据，人民法院经审查并结合相关事实，确信待证事实的存在具有高度可能性的，应当认定该事实存在。《最高人民法院关于民事诉讼证据的若干规定》（法释〔2019〕19 号）第 95 条规定：一方当事人控制证据无正当理由拒不提交，对待证事实负有举证责任的当事人主张该证据的内容不利于控制人的，人民法院可以认定该主张成立。

某生物公司、某金乡公司申请法院调取了被告某生物制品公司申报出口二元酸产品的相关证据，综合被告某生物制品公司租用被告某技术公司生产长碳链二元酸的厂房及设备，而被告某技术公司长碳链二元酸生产线中包括生物发酵法生产长碳链二元酸的精制工艺，可以确定被告某生物制品公司申报出口的产品是十二碳二元酸精品，与涉案专利直接获得的产品相同。某生物制品公司租赁某技术公司的厂房及设备生产销售二元酸产品，并未提交有关报告或重新报批建设项目环境影响评价文件，说明其采用的生产工艺与某技术公司相比没有重大变化，有极大可能使用了某技术公司的生物发酵法生产长碳链二元酸的精致工艺。

本案在权利人已尽最大合理努力证明的情况下，进行举证责任转移，这一举证规则的适用体现了公平原则和诚实信用原则，也有助于最终案件事实的查清。

药品行政许可中的程序违法认定

——南昌某药业公司的药品注册行政许可诉讼案

一、案件焦点

本案涉及不服国家药品监督管理局对“穿心莲内酯滴丸”作出不予批准注册申请行政行为、不服维持该行政行为的行政复议决定，提起行政诉讼，案件的焦点主要在于：

1. 国家药品监督管理局的行政行为是否存在程序违法和实体违法；

2. 国家药品监督管理局对药品审查标准的适用是否正确。

在一审判决和二审判决中，对于上述两个主要的焦点问题，法院认可了恒都律师的观点，其中的理由和认定标准对相关类案具有重要的借鉴意义。

二、案件概况

（一）案件当事人

行政诉讼一审：

原告：南昌某科技有限公司

原告：南昌某药业有限公司（以下对两原告统称某公司）

被告：国家药品监督管理局（以下简称国家药监局）

案件性质：某公司诉国家药监局要求撤销《审批意见通知书》《行政复议决定书》并作出药品注册行政许可案件一审

裁判文书：（2020）京 01 行初 457 号

行政诉讼二审:

上诉人(原审被告):国家药监局

被上诉人(原审原告):南昌某科技有限公司

被上诉人(原审原告):南昌某药业有限公司(以下对两被上诉人统称某公司)

案件性质:某公司诉国家药监局要求撤销《审批意见通知书》《行政复议决定书》并作出药品注册行政许可案件二审

裁判文书:(2021)京行终1280号

(二)案件过程

本案经历了药品注册许可申请阶段、行政复议阶段、行政诉讼一审阶段、行政诉讼二审阶段。

药品注册许可申请阶段、行政复议阶段:2005年9月19日,国家药监局受理某公司申报的"穿心莲内酯滴丸"生产注册申请。2020年3月30日,国家药监局作出《审批意见通知书》(以下简称被诉审批意见),不予批准该申请。2020年7月2日,国家药监局作出《行政复议决定书》(以下简称被诉复议决定),维持被诉审批意见。

行政诉讼一审阶段:恒都团队仔细分析国家药监局作出的行为及其提供的相关材料,有针对性地提出国家药监局行政行为存在程序违法和实体违法的观点,陈述了翔实的理由,并提交大量证据支撑自己的观点。最终北京市第一中级人民法院撤销国家药监局作出的被诉审批意见、被诉复议决定。具体参见裁判文书(2020)京01行初457号。

行政诉讼二审阶段:国家药监局不服一审判决提出上诉。恒都团队仔细分析国家药监局提出的上诉状,有针对性地准备相应答辩观点,并补充提交一些证据来佐证自己的观点。经过北京市高级人民法院审判,认定一审法院判决结果正确,驳回了国家药监局的上诉请求。具体请参见裁判文书(2021)京行终1280号。

(三)基本案情

2005年9月19日,国家药监局受理某公司申报的"穿心莲内酯滴丸"生产注册申请(受理号:CXZS0504006 赣,以下简称涉案申请)。

2008 年 8 月 12 日,药品审评中心完成技术审评后送国家药监局。评审结论为:经审查,本品符合新药审批的有关规定,发给新药证书,同时批准生产本品,发给药品批准文号。

2016 年 9 月,国家药监局将涉案申请退回药品审评中心再次进行了审评。2016 年 12 月 5 日,药品审评中心完成技术审评后送国家药监局。评审意见为:本品为中药改剂型注册申请,申报资料无法证明本品临床价值与原剂型比较具有明显优势,不符合 230 号公告第 2 条、第 5 条的要求。

2020 年 2 月,国家药监局受理了某公司不服国家药监局在法定期限内未对涉案申请作出是否批准的决定而提出的行政复议申请。

2020 年 3 月 30 日,国家药监局作出被诉审批意见,主要内容为:根据《药品管理法》及有关规定,经审查,本品不符合药品注册的相关要求,不批准本品注册申请。

2020 年 4 月 1 日,国家药监局作出《行政复议决定书》(药监复决字〔2020〕2 号),结论为确认国家药监局对某公司申报的涉案申请作出的处理行为超出法定期限违法。

2020 年 4 月 18 日,国家药监局收到某公司针对被诉审批意见提出的行政复议申请。

2020 年 7 月 2 日,国家药监局作出被诉复议决定,维持了被诉审批意见。

某公司不服被诉审批意见和被诉复议决定,向北京市第一中级人民法院提起行政诉讼。北京市第一中级人民法院在一审判决中认定,2008 年 8 月 12 日药品审评中心完成技术审评后,被告没有正当理由拖延作出行政许可决定属于严重违反法定程序,应予撤销;被诉复议决定亦应一并予以撤销。

国家药监局不服一审判决,提出上诉。北京市高级人民法院维持了一审判决,并认定,国家药监局受理某公司药品注册许可申请后,审查和作出决定严重超出法定期限，据此应当认定国家药监局履行的行政职责违法，其作出的被诉审批意见构成违法拒绝履行法定职责的情形，故对被诉审批意见应予撤销；被诉复议决定维持被诉审批意见不当，应一并撤销。

三、办案手记

恒都律师事务所接受客户委托后，迅速组成了专业的律师团队全面分析国家药监局在本案中药品注册许可申请阶段、行政复议阶段的全部材料，经过多次讨论，最终确定行政诉讼的方向性意见，包括：无正当理由拖延审批、滥用职权、违反法定程序、适用法律错误、明显不当。

在承办本案的过程中，恒都团队在对案情进行了详细、全面地梳理的基础上，认为本案应当适用《最高人民法院关于审理行政许可案件若干问题的规定》第9条的规定，关键在于国家药监局是否无正当理由拖延审查。为此，恒都团队充分分析本品种的药品注册过程，从审批流程中国家药监局的行为是否存在中止的情形、专利纠纷是否阻碍药品审批等多方面进行充分的准备，在向法院充分说明被告无正当理由拖延审批、程序严重违法的同时，还重点强调了被告适用的审批标准同样错误，对当事人的实体权利造成了实质影响。最终，一审、二审判决均支持了恒都的主张，撤销了被诉审批意见和被诉复议决定。

四、一审和二审判决主要观点

北京市第一中级人民法院一审判决和北京市高级人民法院二审判决主要观点包括：

（一）国家药监局没有正当理由拖延作出行政许可决定属于严重违反法定程序

一审法院认为，被告（国家药监局）没有正当理由拖延作出行政许可决定属于严重违反法定程序。

二审法院同意一审法院的认定意见，并特别指出，本案国家药监局受理涉案申请之后所履行的药品注册许可申请审查和作出决定行政职责，期限跨度15年，已严重违反《行政许可法》《药品管理法》等法律规范规定的期限，且不存在上述法律规范规定的、可以不计算在行政许可审查、决定期限内的合法、正当事由。

（二）如果行政行为违反法定程序事实上对处理决定有明显影响，从而对行政相对人的权利产生实际影响，应当对该行政行为作出否定性评价

关于国家药监局履行药品注册许可申请审查和作出决定职责超出法定期限对其他事项的影响。二审法院认为，“通常而言，行政行为的程序违法并不一定导致实体违法，程序违法的行政行为可能在结果上符合实体法律规定。但如果违反法定程序事实上对处理决定有明显影响，从而对行政相对人的权利产生实际影响的，应当对该行政行为作出否定性评价”。

本案中，二审法院认定，某公司向国家药监局申请作出药品注册许可，国家药监局受理申请后履行审查和作出决定行政职责严重超出法定期限，导致适用法律和认定事实亦存在不确定性，据此应当认定国家药监局履行的行政职责违法，其作出的被诉审批意见构成违法拒绝履行法定职责的情形，故对被诉审批意见应予撤销。

（三）国家药监局在对涉案申请作出最终处理时，应当考虑作出决定超期以及新、旧法律规范选择适用等相关因素

二审法院认为，本案所争议的法律关系是要求国家药监局履行药品注册许可行政职责，而国家药监局受理涉案申请之后至作出被诉审批意见，已近15年，其间调整药品注册许可事项的法律规范发生了变动，因此有必要审查因为严重超期作出决定是否涉及新、旧法律规范选择适用的事项。《最高人民法院关于审理行政许可案件若干问题的规定》第9条规定，人民法院审理行政许可案件，应当以申请人提出行政许可申请后实施的新的法律规范为依据；行政机关在旧的法律规范实施期间，无正当理由拖延审查行政许可申请至新的法律规范实施，适用新的法律规范不利于申请人的，以旧的法律规范为依据。据此，本案国家药监局在对涉案申请作出最终处理时，应当考

虑作出决定超期以及新、旧法律规范选择适用等相关因素。

五、复盘与总结

(一)以"程序违法导致实体违法"否定行政行为

通常而言,行政行为的程序违法并不一定导致实体违法,程序违法的行政行为可能在结果上符合实体法律规定。但如果违反法定程序事实上对处理决定有明显影响,从而对行政相对人的权利产生实际影响,应当对该行政行为作出否定性评价。

本案中,国家药监局的行政行为跨度时间较长,涉及药监局近十几年来药品审批政策的多次重大变革。国家药监局履行行政职责超出法定期限的程序违法事项与适用法律、认定事实等密切相关,对实体处理决定有明显影响。因此该程序违法可导致其行政行为被撤销。

(二)以"无正当理由拖延审查行政许可"认定法律适用错误

《最高人民法院关于审理行政许可案件若干问题的规定》第9条规定,人民法院审理行政许可案件,应当以申请人提出行政许可申请后实施的新的法律规范为依据;行政机关在旧的法律规范实施期间,无正当理由拖延审查行政许可申请至新的法律规范实施,适用新的法律规范不利于申请人的,以旧的法律规范为依据。

本案中,国家药监局依据2015年发布的230号公告,认为某公司申报的"穿心莲内酯滴丸"不符合药品注册的相关要求,不批准本品注册申请。而该品种实际上已于2008年通过国家药监局审评和审批,国家药监局无正当理由拖延批准注册申请至新的法律规范实施。依照《最高人民法院关于审理行政许可案件若干问题的规定》第9条的规定,国家药监局的行政行为存在法律适用错误。

(三)对争议问题努力寻找证据

本案中,国家药监局是否存在法律适用错误,关键在于药监局是否无正当理由拖延审查。本案背景非常复杂,涉及药监局近十几年来药品审批政策的多次重大变革,其法律适用问题以及如何判定是否是"正当理由"也备受业界法律专业人士的关注。

为此,恒都团队充分分析本品种的药品注册过程,从审批流程中国家药监局的行为、是否存在中止的情形、专利纠纷是否阻碍药品审批等多种可能的方面进行充分的准备,做了多方面的努力和寻找证据。

最终,恒都团队以自己过硬的专业素质,通过深入挖掘案件中存在的法律问题,加以严谨的逻辑和法律论证,为某公司赢得了胜利。

(四)解决的法律问题:行政许可的法律适用问题

在行政许可程序中,由于历史原因或人员不足等原因,经常有案件积压,使得审批时间超出法定期限而出现违法情形。此时,如何进行法律适用非常关键。根据《行政许可法》及相关司法解释的规定,行政许可案件中,应当以申请人提出行政许可申请后实施的新的法律规范为依据。因此,在实践中,经常能见到法院适用在后的新的法院规范,仅作出“超出法定期限,确认程序违法”的判决,同时认定“虽然程序违法,但不影响实体权利”,从而不会撤销原行政决定。

然而,司法解释中还有重要的一个例外,就是“行政机关在旧的法律规范实施期间,无正当理由拖延审查行政许可申请至新的法律规范实施,适用新的法律规范不利于申请人的,以旧的法律规范为依据”。本案恰恰属于这一情形。法院认为,国家药监局存在无正当理由拖延至新的法律规范实施的情形,应当考虑程序违法事项与适用法律、认定事实等密切相关,对实体处理决定有明显影响,从而撤销了原行政决定。

综上,本案在行政许可的法律适用方面,非常具有指导意义。

外观设计专利

汽车整车的外观设计专利

——某汽车公司的外观设计专利权无效行政诉讼案*

一、案件焦点

本案涉及汽车整车的外观设计专利，在其确权过程中主要包括三个焦点问题：

1. 对于一般消费者的知识水平和认知能力的界定；

2. 设计空间对于涉案专利与对比设计之间是否具有明显区别判断的影响；

3. "整体观察、综合判断"方法的适用。

在一审判决和二审判决中，对于所述三个焦点问题给出了不同角度的论断，其中的理由和认定标准对相关类案具有重要的借鉴意义。

二、案件概况

（一）案件当事人

上诉人（原审第三人，第一无效请求人）：某汽车有限公司（以下简称某汽车公司）

上诉人（原审第三人，第二无效请求人）：杰某（所有自然人当事人化名）

上诉人（原审被告）：国家知识产权局专利复审委员会（以下简称复

---

* 本案被最高人民法院收录为2018年中国法院十大知识产权案件。

审委)

被上诉人(原审原告,专利权人):某控股有限公司(以下简称某控股公司)

案件性质:外观设计专利无效行政诉讼二审

裁判文书:(2018)京行终4169号

涉案专利:ZL201330528226.5,越野车(陆风E32车型)

(二)案件过程

本案经历了专利无效阶段、专利无效行政诉讼一审阶段、专利无效行政诉讼二审阶段、专利无效行政诉讼再审阶段。

专利无效阶段:某汽车公司用在先销售公开的某揽胜极光车辆实车作为主要证据,将某控股公司名称为"越野车(陆风E32车型)"的外观设计专利权宣告无效。该外观设计专利无效审查决定入选国家知识产权局2016年度十大无效案例。

北京知识产权法院一审判决撤销原无效决定。

专利无效行政诉讼二审阶段:恒都团队仔细分析原无效决定和一审判决的观点,有针对性地逐一提出应对观点,陈述翔实的理由,并进一步补充证据佐证自己的观点。最终北京市高级人民法院撤销(2016)京73行初4497号一审判决,驳回某控股公司的诉讼请求,认定涉案专利应当宣告无效。恒都律师事务所成功为某汽车公司赢得了终审。

专利无效行政诉讼再审阶段:某控股公司在行政诉讼二审判决生效后提起再审请求,经过最高人民法院的审判,认定再审理由不能成立,驳回某控股公司的再审申请。具体请参见裁判文书(2019)最高法行申7406号行政裁定书。

(三)基本案情

2014年7月25日,某汽车公司向复审委提出无效宣告请求,认为涉案专利不符合2008年《专利法》第23条第1款和第2款的规定。主要证据为(2014)京中信内经证字32020号公证书,其中涉及对某揽胜极光汽车销售的证据保全。

2015 年 8 月 3 日，杰某以相同理由针对涉案专利再次提起无效宣告请求，并提交了不同于前次无效请求的多份证据。在两次无效请求审理过程中，各方当事人均提交了大量现有设计证据，证明客观参照系的情况来支持各自的观点。

2016 年 6 月 3 日，复审委对两案合并审理并发出第 29146 号无效宣告请求审查决定书，认定涉案专利不符合 2008 年《专利法》第 23 条第 2 款的规定，宣告涉案专利全部无效，主要理由为"相对于涉案专利与对比设计相同的车身立体形状、装饰件的设计而言，上述不同点均属于局部细节的改进，且基本上所有区别特征都被现有设计公开或者现有设计给出相同的设计手法，故相对于二者的相同点而言，二者的不同点对整体视觉效果都没有显著影响"。

某控股公司不服上述无效决定，向北京知识产权法院提起行政诉讼一审。一审法院于 2018 年 3 月 26 日作出判决认为，"虽然涉案专利与对比设计车身比例基本相同，侧面主要线条的位置、立柱的倾斜角度、车窗的外轮廓及分割的比例基本相同，前后面车身的外轮廓及主要部件的相互位置关系亦基本相同，但涉案专利与对比设计在前车灯、进气格栅、细长进气口、雾灯、贯通槽、辅助进气口、倒 U 形护板、后车灯、装饰板、车牌区域及棱边等部位存在不同的设计特征，其组合后形成的视觉差异，对 SUV 类型汽车的整体外观产生了显著的影响，足以使一般消费者将涉案专利与对比设计的整体视觉效果相区分"。相较于相同点，上述不同点对于涉案专利与对比设计的整体视觉效果更具有显著影响。故涉案专利与对比设计具有明显区别，符合 2008 年《专利法》第 23 条第 2 款的规定。判决撤销原无效决定，由复审委重新作出审查决定。

针对一审判决，两无效请求人及复审委均不服，向北京市高级人民法院提起上诉。

三、办案手记

恒都律师事务所接受客户委托后，迅速组成了专业的律师团队全面分析无效程序和一审诉讼过程的全部材料，经过多次讨论，最终确定二审行政诉讼的方向性意见，包括一般消费者的认知水平、设计空间对明显区别判断的实质影响、整体观察综合判断原则的运用、相同点和不同点在整体视觉效果中的权重等几个重要上诉点，并有针对性地制定诉讼方案，逐步落实诉讼策略。

为尽可能降低判断主体在2008年《专利法》第23条第2款判断中适用整体观察综合判断原则的主观性，证据是必要的。针对相同点和不同点的权重孰高孰低，恒都团队梳理已经提交过的证据，并进一步检索大量可用以辅助构建客观参照系的现有设计文件提交给法院，从而通过举证来证明相同点和不同点对应设计特征在现有设计中出现的频率，证明不同点不属于涉案专利的独特设计特征，而且主要不同点已经被现有设计公开或由现有设计给出了相同的设计手法。

外观设计专利确权过程中，如何合理界定"一般消费者"知识能力和认知水平，是第29146号无效决定重点阐述的一方面，也是一审庭审中各方交锋最多的问题。而且，一审判决认为"原告关于被诉决定所归纳的一般消费者应当具有的常识性知识存在错误的主张具备事实和法律依据"。因此，为了更好地辅助法官认定"一般消费者"应有的知识和水平，恒都团队在依托产品领域特点结合现有设计证据及设计空间进行充分理解的基础上，委托调查公司对符合条件的消费者进行了市场调查，形成了关于某极光和陆风X7的外观相似度的调查报告。调查报告表明，虽然贴近一般消费者的受访者对车辆外观设计的前、后、侧面关注重点存在差异，但八成以上受访者选择关注车身整体轮廓。

就某汽车公司的极光车与某控股公司的陆风车是否相似，两家公司在国外也发生了纠纷。恒都团队向二审法院递交了已经产生的域外司法文书,同时检索到汽车外观专利的国内在先行政诉讼判例,期望类似案件的审判原则和观点能够对本案起到参考和指引作用。

经过恒都团队在诉讼策略、诉讼文件、开庭环节上的精心准备,最终,二审判决全面支持了办案律师在前述主要诉讼点方面的观点。2018 年 11 月 28 日,二审法院作出判决,认定涉案专利不符合 2008 年《专利法》第 23 条第 2 款规定的授权条件,应当予以宣告无效;一审判决对于涉案专利与对比设计具有明显区别的认定有误,以致法律适用错误,应予以纠正。

四、(2018)京行终 4169 号判决观点

(一)关于一般消费者的知识水平和认知能力的界定

一般消费者是一个具有特定知识水平和认知能力的抽象的人,但在具体案件中,判断涉案专利与对比设计是否具有明显区别,必须结合涉案专利产品所属的种类,将一般消费者这一抽象概念具体化为与该产品相关的消费者群体。在具体案件中,应从以下三方面进行把握:第一,一般消费者是涉案专利产品所属种类的消费者群体;第二,一般消费者了解的内容是外观设计及其常用设计手法;第三,一般消费者的能力水平达到“常识性的了解”的程度。

就本案而言,作为 SUV 外观设计判断主体的一般消费者,基于其对申请日前申请的专利、市场上销售的汽车、汽车广告中披露的信息及汽车类书籍中公开的在先设计等现有设计状况和对该类汽车常用设计手法的了解,一般消费者应当知晓:该类汽车的产品结构组成、主要部件的功能和设计特点、车身三维立体形状、各组成部分的比例和位置关系、车身表面装饰件的形状和布局等,均对整体视觉效果产生不同程度的影响。

(二)设计空间对于涉案专利与对比设计是否具有明显区别判断的影响

设计空间是指设计者在创作特定产品外观设计时的自由度。在判断两外观设计是否具有明显区别时,考虑设计空间或者说设计者的创作自由度,有利于准确确定一般消费者的知识水平和认知能力。通常而言,设计空间

较大的,一般消费者不容易注意到不同设计之间的细微差异;设计空间较小的,一般消费者更容易注意到不同设计之间的细微差异。

汽车的整体立体形状和各个组成部件的布局均存在较大的设计空间。原审判决在肯定SUV设计空间较大的前提下,得出下述结论:在权衡涉案专利与对比设计的相同点和不同点对产品外观的整体视觉效果产生的影响时,设计空间要素不会对判断涉案专利与对比设计是否具有明显区别产生实质影响。本条结论有所不当。

(三)"整体观察、综合判断"方法如何适用

"整体观察、综合判断"是外观设计专利确权及侵权判断的基本方法,"整体观察"是从外观设计的整体出发,对其全部设计特征进行整体观察,而不能仅从外观设计的局部出发;"综合判断"是在考察各设计特征对外观设计整体视觉效果影响程度的基础上,对能够影响整体视觉效果的所有因素进行综合考量,而不能把外观设计的不同部分割裂开来予以判断。

基于外观设计整体保护的原则,在适用"整体观察、综合判断"方法时,应当以一般消费者的知识水平和认知能力为基础,结合现有设计状况和相关设计特征是否受功能限制等因素,逐一判断各相同点、不同点对整体视觉效果的影响程度,在此基础上,再通过综合分析得出认定结论。

就汽车外观设计而言,"整体观察"就是要观察汽车整体造型、各组成部分的比例位置关系及各个面经由具体设计特征形成的视觉效果,"综合判断"就是要从一般消费者的知识水平和认知能力出发,考虑涉案专利与对比设计之间的相同点、不同点对整体视觉效果的影响权重,进而得出涉案专利与对比设计是否具有明显区别的结论。

在具体的案件中,在考虑某一项设计特征对于外观设计整体视觉效果的影响权重时,应当从外观设计的整体出发,根据各方当事人的主张、举证情况及说理的充分程度予以确定。

本案中,原审判决对于被诉决定的下述认定均予以认同:涉案汽车的整体立体形状和各个组成部件的布局存在较大的设计空间;涉案专利与对比

设计在车身比例、侧面主要线条的位置及立柱的倾斜角度、车窗的外轮廓及分割的比例、前后面车身的外轮廓及主要部件的相互位置关系等方面均基本相同。但在此基础上,原审判决并未对上述各相同点对整体视觉效果的影响程度进行具体分析,而在仅对不同点进行分类概括、评述后,即认为不同点组合后形成的视觉差异对整体外观产生了显著影响,足以使一般消费者将涉案专利与对比设计的整体视觉效果相区分,进而得出二者具有明显区别的认定结论,原审判决的上述认定系对"整体观察、综合判断"方法的不当适用,法院予以纠正。

(四)涉案专利与对比设计是否具有明显区别

经将涉案专利与对比设计相同点和不同点的逐一比对,涉案专利与对比设计之间的相同点对整体视觉效果具有显著影响,引起一般消费者的注意。涉案专利与对比设计的不同设计特征,对整体视觉效果的影响较小。

将相同点、不同点对整体视觉效果影响权重的对比进行分析权衡,整体造型和三维立体轮廓最易引起一般消费者注意,侧面在整体视觉效果中的影响权重应明显高于前面和后面,相同点相比不同点对整体视觉效果的影响权重明显更高。

另外,考虑到 2008 年《专利法》第 23 条第 2 款对设计创新高度的要求,涉案专利既不属于被诉决定指出的应受专利权保护的全面创新,又不属于应受专利权保护的改进设计,涉案专利与对比设计之间的差异未达到"具有明显区别"的程度,涉案专利不符合 2008 年《专利法》第 23 条第 2 款规定的授权条件,应当予以宣告无效。原审判决对涉案专利与对比设计具有明显区别的认定有误,以致法律适用错误,法院予以纠正。

五、复盘与总结

(一)"整体观察、综合判断"方式在判断外观设计专利的创造性中的应用

在判断外观设计是否符合《专利法》第 23 条第 2 款的规定时,判断主体

应当依据整体观察、综合判断的方式，由涉案专利与对比设计的整体来判断，而不从外观设计的部分或者局部出发得出判断结论。

"整体观察、综合判断"的方式在具体案件的判断中大体包括两个步骤：

第一，确定涉案专利与对比设计的相同点和不同点；

第二，依据一般消费者的知识水平和认知能力，在整体观察的前提下，综合考虑各种影响因素，判断相同点和不同点在整体视觉效果中的影响权重。

针对涉案专利，审查决定在论证过程中，在对比得出相同点和不同点的基础上，先对"一般消费者"的知识水平和认知能力作出了具体诠释；并以"一般消费者"的认知，对汽车领域的"设计空间"作出了详尽分析，进而确定本案的相同点和不同点对整体视觉效果的影响，从而得出二者在整体视觉效果上是否具有明显区别的结论。审查决定对于"一般消费者"和"设计空间"的论证部分可谓典范。

（二）对争议问题锲而不舍地努力和寻找证据

本案从 2014 年 7 月提起无效宣告请求，到 2018 年底二审判决尘埃落定，历时 4 年半。鉴于汽车行业的重要性、当事人的知名度，本案的审理结果一直受到社会关注。由于案件判断难度较大，并且涉及外观设计专利无效审判的重要法律原则和存在争议的法律问题，本案的法律适用也备受知识产权界法律专业人士的关注。

本案审判结论虽然经过反复，但恒都团队在二审接手涉案之后，深入收集并提交了 6 组证据，用以证明涉案专利与对比设计之间的区别属于现有技术、一般消费者所注意到的汽车相关部分、与调查公司合作获取证据"某汽车外观消费者调查报告"等。

恒都团队发现，在国内知名大型购物平台上，存在大量购买某揽胜极光汽车配件的途径，消费者购买配件后只需经过简单改装，陆风 X7 车辆可以实现"秒变同款"的效果。这也侧面印证了两车整体立体形状相同，差异仅在于局部细节的改动，而且针对不同点进行改动十分容易。

最终,恒都团队以自己过硬的专业素质、为客户高度负责的工作态度、严谨高效的工作作风,为某汽车公司赢得了胜利。

(三)做好庭审准备,为法官提供庭审便利

在 2018 年 10 月 30 日庭审中,为方便法庭理解争议焦点和我方观点,恒都团队通过演示动画,直观地向法庭展现两车外观设计的相同点和不同点、现有设计状况等,通过极光实车和陆风 X7 实车的三维动画重叠效果,可以证明两车在整体造型、三维立体轮廓、主要装饰件的布局及位置关系、部分装饰件外形及比例关系方面均可以相互吻合。恒都团队让审判者在短时间内快速了解我方的代理意见,从而实现了良好的庭审效果。

同一无效请求下的两次无效决定

——某文具公司与某株式会社的外观设计专利权无效、专利权侵权纠纷案

一、案件焦点

本案涉及笔记本的外观设计专利，在无效过程中主要的焦点问题在于认定证据 3 销售页面中“第五代 campus”笔记本的公开时间。

在第一次口审和第二次口审中，对于所述的焦点问题，请求人和专利权人分别进行了举证，以证明各自的观点，其中的证据组织方式、无效工作处理方式等对相关类案具有重要的借鉴意义。

二、案件概况

（一）案件当事人

专利权人：日本某株式会社

无效宣告请求人：某文具公司

案件性质：外观专利无效宣告

无效决定书：第 44892 号无效决定

涉案专利：ZL201130491504. 5、名称为“笔记本”

侵权诉讼案号：（2019）沪 73 民初 413 号

(二)涉案专利和关键证据图

涉案专利

对比设计 1 附图

（三）案件过程

具有百年历史的日本最大的办公用品供应商日本某株式会社，起诉我国最大的文具公司外观专利侵权，恒都代理的是侵权案件的被告某文具公司。

日本某株式会社来势汹汹，恒都在接到客户委托后，建议客户在积极应对专利侵权诉讼的同时，针对涉案专利向国家知识产权局提起专利无效宣告。

在无效的过程中，我方做了大量的检索工作，最终检索到关键证据。于2019年8月5日提交无效宣告请求书，并于2019年9月4日提交包含关键证据3的补充意见陈述。

合议组根据案件的进展，分别于2019年11月13日和2020年4月10日组织双方进行口审，并于2020年6月8日作出无效决定，经过我方积极备战、不懈努力，最终涉案专利被全部无效。

（四）基本案情

日本某株式会社对某文具公司、上海某信息科技有限公司、某生活馆企业管理有限公司，以侵害外观设计专利权为由提起诉讼，上海知识产权法院于2019年7月18日，下发（2019）沪73民初413号案件的应诉通知书。

我方接到客户委托后，进行了大量的检索工作，在积极准备应诉答辩的同时，为达到釜底抽薪的目的建议客户发起专利无效，争取将涉案专利无效，以从根本上解决侵权的问题。

经过大量的检索工作，我方分别于2019年8月5日提交无效宣告请求书，并提交证据1（公开号为JPD1414960）和证据2（申请号为00337001.1）；并于2019年9月4日提交包含关键证据3（由北京市长安公证处出具的（2019）京长安内经证字第38123号公证书复印件及部分中文译文）和证据4（注册号为825541的中国商标信息打印件）的补充意见陈述。

我方结合相关的证据，对无效的理由进行了充分的论述。为便于读者深入理解本案，现摘录部分论述内容如下：证据3的设计1公证的是JeKPens

网络销售平台的产品销售网页，其顾客评论中显示时间为 2011 年 6 月 13 日，因此产品的公开时间为 2011 年 6 月 13 日，为涉案专利的现有设计，涉案专利与证据 3 的设计 1 相比正面形状及图案设计均基本相同，不同点仅在于细小的文字差异以及未公开其他视图，但证据 2 公开了其他视图，因此涉案专利相对于证据 3 的设计 1 与证据 2 的组合不具有明显区别，不符合《专利法》第 23 条第 2 款的规定。证据 3 的设计 2 为天极网公开的一款笔记本，公开时间为 2009 年 9 月 11 日，同理，涉案专利相对于证据 3 的设计 2 与证据 2 的组合不具有明显区别，不符合《专利法》第 23 条第 2 款的规定。证据 3 的设计 3 为专利权人公司网站 2010 年 10 月 4 日公开的笔记本，涉案专利相对于证据 3 的设计 3 与证据 2 的组合不具有明显区别，不符合《专利法》第 23 条第 2 款的规定。

专利权人根据我方的无效理由和证据，分别于 2019 年 9 月 19 日提交了意见陈述书；并于 2019 年 11 月 8 日提交了包含反证 1 至反证 5 的意见陈述文件，重点阐述了证据 3 设计 1 中的顾客评论日期不能证明该网页中图片的公开日期，具体内容请参见无效决定书。。

合议组于 2019 年 11 月 13 日组织双方进行口审，合议组当庭将专利权人于 2019 年 11 月 8 日提交的意见陈述书以及反证 1—5 的复印件转送给请求人。在口审的过程中，双方对证据 3 中设计 1 公开的时间问题进行了激烈的辩论。

口审结束后，我方对案件相关的信息继续进行深入研究、梳理，并于 2019 年 12 月 4 日提交了庭后代理意见，并随意见附上证据 5（香港何乐昌律师行出具的编号为 SHW/CA/19110169 的下载网络资料声明书原件），用以证明根据互联网档案馆的记载 JetPens 网站至少于 2011 年 6 月 14 日已公开销售“第五代 campus”笔记本，而非专利权人主张的 2013 年才开始销售。

专利权人针对证据 5 和庭后代理意见，于 2020 年 1 月 21 日提交意见陈述，并提交反证 6（日本 2020 年第 1 号公证书原件及其中文译文）。

合议组根据案件的审理情况，于 2020 年 4 月 10 日，再次组织双方进行第二次口审。在口审的过程中,双方再次对证据3中设计1的公开时间阐述各自的主张。

经过我方办案律师认真、细致的工作和通力协调,最终说服合议组,将涉案专利全部无效。

三、办案手记

恒都律师深知该案件对客户的重要性,接受委托后迅速成立了案件项目组,全力以赴为客户争取胜诉。

办案律师在接到客户委托后,建议客户在积极应对专利侵权的同时,针对涉案专利向国家知识产权局提起专利无效宣告。在专利无效过程中,恒都律师做了大量的证据检索工作,最终检索到了在先使用公开证据和相关的专利证据,向合议组说明涉案专利已经被在先使用证据公开。第一次口审时,对方当庭提交大量反证,欲证明我方提交的在先使用公开证据不成立,形势似乎于我方不利。

第一次口审结束后,恒都并没有放弃,而是仔细地分析对方当庭提交的反证,寻找反证中的突破点,并针对对方反证中的突破点,继续检索证据。终于,恒都律师再次检索到了对方在国外使用公开的域外证据,根据法律规定,域外证据必须进行公证认证。恒都律师立即联系香港的律师,并去香港对检索到的域外证据进行了保全和公证认证,并将该补强证据随同庭后代理意见提交给国家知识产权局,以补强证明我们在无效宣告请求中提交的在先使用公开证据确实已经公开了涉案专利,并争取到了第二次口审的机会。

在第二次口审中,对方再次临时提交反证,恒都律师在开庭时向合议组争取了一个小时的证据分析时间,并冷静应对,找出对方此次提交反证中的逻辑漏洞,并一一进行阐述。合议组最终接受了恒都律师的证据和理由,宣告涉案专利全部无效。

由于专利权人的专利被无效,其侵权案件失去了权利基础,原告不得不撤回针对恒都客户的起诉。恒都不仅为客户赢得了侵权案件,而且还无效掉了对方的专利,为后续可能的诉讼扫清了障碍、为客户解除了后顾之忧。

办理律师拥有丰富的办案经验,付出了大量的精力最终检索到了决定案件走向的关键证据,针对各个环节进行了精心的准备,面对突发情况沉着应对,经过不懈的努力最终将涉案专利全部无效,保护了客户的权益。

四、对于证据 3 中设计 1 公开时间的认定合议组的主要观点

证据 3 设计 1 的 JetPens 网站销售页面显示产品信息为 B5 版式、6mm 宽的格子,其 2011 年 6 月 13 日的顾客评价也提及了“6mm 宽的线条”以及“B5 版式……”等内容,由此可见顾客评价内容与销售页面产品的信息较为一致,不存在明显的不对应情形。

此外证据 5 为请求人公证的通过互联网档案馆对 JelPens 网站销售笔记本的历史页面(经双方确认与证据 3 设计 1 的网址相同)的访问,其形式的真实性以及公证所涉网页的真实性可以确认,根据互联网档案馆的记录,其访问的历史页面为 2011 年 6 月 14 日的销售页面,该日期下网页销售页面显示的即为“第五代 campus”笔记本,基于公众对互联网档案馆运行机制的一般性认知,其本质为通过网络爬虫技术手段从网络中抓取网页、记录抓取时间并予以保存以供回溯查询,抓取方式是对单独网页内容进行独立抓取,被抓取的网页上方对应具体的抓取时间。用户可以通过时光回溯机器程序界面来访问被互联网档案馆存档的网页在过去某一个时间点的内容快照。目的是让访问者看到历史上某一个特定时间点的网页内容及其相关信息。因此基于以上认知,证据 5 显示的 JetPens 网站在 2011 年 6 月 14 日销售的历史页面应当是“第五代 campus”笔记本。

而专利权人提供了反证 1—3、反证 4 的附件 5 和反证 6,对互联网档案馆抓取网页时间提出了新的观点认为互联网档案馆具有新增的时间戳功能,其特定时间点的历史页面上的各图片元素有其自身对应的存档时间,而不是其所在网页被抓取记录的存档时间,但对请求人质疑的特定时间点的历史页面究竟包含哪些图片元素、如何呈现并没有正面回应，则本案最终的焦点集中在专利权人的现有证据能否证明其主张，从而推翻上述对互联网档案馆运行机制的一般性认知。

反证1中涉及的是一般网页的设计与制作教程，与本案销售页面和顾客评价之间是否唯一对应没有直接关联，合议组对其关联性不予认可；反证2的邮件往来方为专利权人及销售专利权人产品的网站平台，即JdtPans网站，其与专利权人之间具有一定的业务关系，反证3为专利权人官方网站发布的信息，基于以上反证均与专利权人具有间接或直接的利害关系，因此反证2和反证3的内容并不足以说明证据3设计1中的“第五代campus”产品的公开时间。

反证4的附件5并非专利权人从互联网档案馆官网中搜索获得的网站运行机制介绍的内容，而是通过键入目标网址获得的个人发布的博客内容，鉴于对博客类网页的一般性认知，其上内容发布为个人行为，博客内容可以由发布者随意修改，因此博客所涉内容的真实性无法直接予以确认，请求人亦对其证明力提出了质疑，鉴于该附件内容与公众以往对互联网档案馆的一般性认知存在明显不同，按照其对互联网档案馆时间戳功能的介绍，互联网档案馆记载的特定历史节点下具体的历史页面实际上并不存在，因为该页面的各个图片元素都有其各自的存档时间，那么这与互联网档案馆依靠爬虫技术抓取并记录特定时间点的历史页面并供人回溯查阅的初衷相悖，且专利权人也不能解释互联网档案馆记载的特定历史节点下具体的历史页面如何体现。此外，图片元素所对应的网址后标注的时间跨度“1年零11个月”具体代表何种含义，为何图片元素的具体存档时间是在网页存档时间的基础上加上上述时间跨度向后推算得出的，对于这种计算方式有何依据，专利权人对于上述情况并没有提供足以证明其主张的充分的证据。因此合议组对专利权人依靠反证4附件5证明的事实不予支持。

反证6是专利权人基于上述反证4附件5的主张，证明JetPans网站销售“第五代Campus”笔记本的实际时间应在2013年5月，由于反证4附件5

证明的事实不成立，因此其有关反证6的主张，合议组亦不予支持。

综上，专利权人提交的反证并不能推翻请求人的主张，请求人的证据5证明了其证据3设计1的“第五代 Campus”笔记本至少已于2011年6月14日在 JetPcns 网站公开销售，该日期早于涉案专利的优先权日（2011年6月24日），构成涉案专利的现有设计。

五、复盘与总结

（一）对争议问题锲而不舍地努力和寻找证据

外观专利无效案件与发明或实用新型无效案件存在一定的区别，证据的检索与运用是体现区别的一个方面。请求人一般主要从两个思路着手进行检索工作，分别为：专利权人或相关人在先公开；在先技术单独或组合公开。为了提升外观无效的可能性，办案人员基本选择双管齐下，在数据库中检索相似外观设计的同时，在互联网上寻找专利权人或相关人在先公开的证据。

根据恒都团队的办案经验，使用互联网证据时，由于互联网记载内容存在被修改的可能性，公开时间往往成为双方争议的焦点。相关人员可以通过研究本案中无效请求人、专利权人和合议组对证据3中设计1公开时间的认定，思考与公开时间相关的问题。

另外，为进一步提升互联网证据公开时间的说服力，办案人员可以将互联网档案馆和域外公证结合使用。但是，基于互联网档案馆爬取数据的有限性，互联网档案馆并不会爬取互联网上的所有网页。办案人员应该优先寻找较权威网站上发布的信息，该类网站上的网页被互联网档案馆收录的概率较高；或者办案人员同样可以搜集多个平台上包含目标信息的互联网信息，通过多组信息公开内容和公开信息相互佐证，进一步提升互联网证据的说服力。

最终，经过团队大量的检索工作，搜集到了关键的证据，并以此为基石，为某文具公司赢得了胜利。

（二）努力细致办案是确保取胜的法宝

从最初的检索工作，到无效的口审工作，各个环节中恒都团队始终把认真、负责、取胜的标准贯彻始终。

恒都办案人员充分发挥主观能动性，调动资源进行了充分的检索工作，在如茫茫大海般的互联网资料中，最终捞出了关键证据这一根“针”。结果呈现看似简单，但是结果背后是办案人员夜以继日的辛劳付出，经过数不清次数的检索、筛选、调整，最终检索到了关键的证据。

恒都办案人员不仅经验丰富，而且在无效的过程中将涉案相关的资料熟稔于心，面对专利权人在第一次口审和第二次口审过程中当庭提交的多份证据，办案人员沉着应对，及时有效地化解了对方一次次进攻，这充分体现了办案人员的专业性。

恒都办案人员已将代表客户取胜作为了办案人员从始至终贯彻，并努力践行的精神信仰。在经过第一次无效口审后，办案人员再次进行了补充检索，并提交了证据5和庭后代理意见，以进一步强化先前证据的说服力。在办案律师的努力下争取到了第二次口审的机会，在第二次口审中结合相关的证据充分阐述了我方的理由，最终将涉案专利无效。办理律师抓住了一切可能机会，影响、说服合议组，并最终达到了预期的效果。

白酒企业的外观设计专利的行政途径维权之路

——陕西某股份有限公司与某酒业有限责任公司的外观设计专利侵权行政纠纷案

主视图

后视图

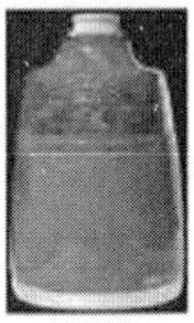

左视图

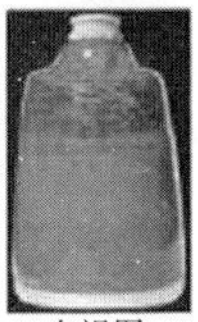

右视图

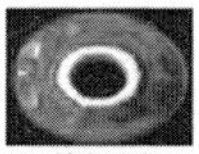

俯视图

仰视图

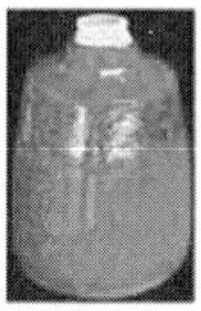

立体图

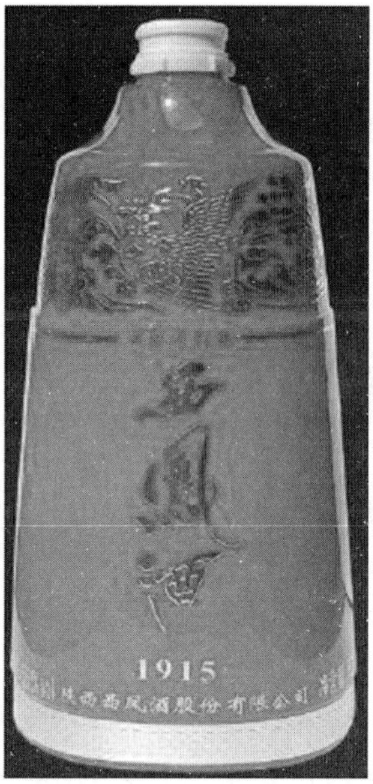

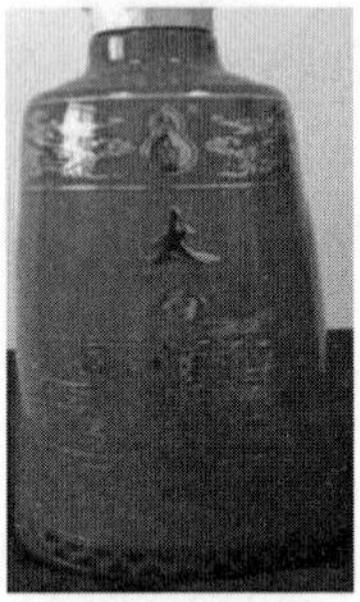

一、案件焦点

本案涉及酒瓶的外观设计专利，在其侵权判定过程中主要包括三个焦点问题：

1. 外观设计侵权的判定标准；

2. 商品的知名度以及外观设计中的文字含义对外观设计侵权判定的影响；

3. 瓶身的整体形状对整体视觉效果的影响及图案差别对整体视觉效果的影响。

在行政裁决、行政一审判决和行政二审判决中，对于上述三个焦点问题给出了不同的论断，本案中最高人民法院在侵权判定时的比对标准、观点和理由对相关类案具有重要的借鉴与参考意义，该案已被收录进“人民法院案例库”，并且入选2023年度专利行政保护典型案例的二十大提名。

二、案件概况

(一)案件当事人

上诉人(一审第三人,专利权人):陕西某股份有限公司(下面简称某股份公司)

被上诉人(一审原告):陕西省某酒业有限责任公司(下面简称某酒业公司)

一审被告:某知识产权局

案件性质:外观设计专利行政裁决行政纠纷二审

裁判文书:(2021)最高法知行终728号

涉案专利:ZL201830611387.3,包装瓶(某甲牌酒1915)(以下简称涉案包装瓶专利)。

(二)案件过程

本案经历了行政裁决阶段、行政诉讼一审阶段、行政诉讼二审阶段。

行政裁决阶段:某股份公司向某知识产权局提出处理请求,某知识产权局认为某酒业公司制造、销售和许诺销售的涉案产品某乙牌酒(红)包装瓶与涉案包装瓶专利属于相似外观设计,某酒业公司具有为生产经营目的制造、许诺销售、销售涉案外观专利的实际行为,构成侵权。

行政诉讼一审阶段:某酒业公司诉至陕西省西安市中级人民法院,一审法院认为既不相同又不近似,某酒业公司不构成侵权。

行政诉讼二审阶段:恒都接受某股份公司委托,代理其行政二审上诉,最终最高人民法院认定构成近似外观设计,某酒业公司构成侵权,撤销一审判决,维持行政裁决相关内容。

(三)基本案情

某股份公司在其"某甲牌酒1915"白酒产品的外包装上拥有国家外观设计专利,某股份公司认为某酒业公司生产的"某乙牌酒(红)"所使用的包装瓶侵犯了该公司的外观设计专利,遂向某知识产权局提起了专利侵权行政处理请求。

某知识产权局于2020年12月25日作出宝市知处〔2020〕3、4号专利侵权纠纷案件处理决定，该处理决定查明，某股份公司于2018年10月31日申请、2019年4月5日获得名称为“包装瓶（某甲牌酒1915）”外观设计专利，专利号为ZL201830611387.3，某酒业公司制造、销售和许诺销售了涉案产品某乙牌酒（红）。某知识产权局认为，某酒业公司制造、销售和许诺销售的涉案产品包装瓶与涉案包装瓶专利属于相似外观设计。涉案产品包装瓶落入某股份公司专利的保护范围，构成侵权。

专利侵权纠纷案件处理决定书送达后，某酒业公司不服该决定，于2021年1月11日向陕西省西安市中级人民法院提起了行政诉讼，请求撤销宝市知处〔2020〕3、4号专利侵权纠纷案件处理决定。一审法院对某酒业公司的主张予以支持，认为一般消费者在购买白酒时，特别是购买名酒时，更关注的是产品品牌和生产厂商的知名度，某乙牌酒的商标与荣誉充分证明了某乙牌酒商标极负盛名，而某甲牌酒同样具有较高的市场知名度和美誉度，同样能引起消费者注意，认定行政裁决认定事实及适用法律错误，应予撤销。一审法院判决撤销某知识产权局宝市知处〔2020〕3、4号专利侵权纠纷案件处理决定。

某股份公司不服陕西省西安市中级人民法院于2021年3月31日作出的（2021）陕01知行初1号行政判决，委托恒都向最高人民法院提起上诉。最高人民法院于2023年4月20日作出（2021）最高法知行终728号终审判决，认定以一般消费者的知识水平和认知能力对涉案包装瓶外观设计专利与被诉侵权包装瓶设计进行“整体观察、综合判断”后可知，两设计中对整体视觉效果更有显著影响的部分无实质性差异，故涉案包装瓶外观设计专利与被诉侵权包装瓶设计构成近似的外观设计。一审判决对此认定结论有误，被诉决定中有关涉案包装瓶专利的决定内容应予维持。

三、办案手记

恒都律师事务所在本案行政一审判决后接受某股份公司委托，迅速组成专业的律师团队针对二审可行性进行了分析，与客户研讨并确定行政诉讼二审的诉讼思路，包括外观设计侵权判定的标准、商品知名度对外观设计比对的影响、瓶身的整体形状对整体视觉效果的影响大小、文字含义对外观设计比对的影响、各视图中各部分的形状比例和整体布局的相同程度、整体设计风格和设计元素的类似度、酒瓶类产品的设计空间大小、相同点和不同点在整体视觉效果中的权重等几个重要方面，并围绕核心论点制定有针对性的诉讼方案。

在二审中，恒都律师提出将相同点、不同点对整体视觉效果影响权重的对比分析权衡，酒类产品的整体风格、设计元素和各个部分的图案、色彩、二者的结合方式和位置大小比例最易引起一般消费者注意，而一些细节上的差异比如下部丝带的宽度、丝带的具体组成则不会引起消费者注意。

此外，恒都律师提出，外观设计专利权保护的客体是"对产品的形状、图案或者其结合以及色彩与形状、图案的结合所作出的富有美感并适于工业应用的新设计"，而不是保护"商标"，如果仅凭包装上的"商标"不一样，就理所当然地认为不侵权，不符合一般消费者的认知水平、更不符合"整体观察、综合判断"的原则。就一般消费者而言，较容易关注包装瓶的整体设计风格和元素以及各部分的图案、色彩、大小比例和位置，不容易注意到图案细节上的差异。消费者一般容易注意到酒瓶的整体设计风格和设计元素，以及各个部分的整体布局，整体视觉上会容易注意到有文字，但是不容易注意到文字的具体差异。

针对"整体观察、综合判断"原则，恒都律师提出，基于外观设计整体保护的原则，在适用"整体观察、综合判断"方法时，应当以一般消费者的知识水平和认知能力为基础，结合现有设计状况和相关设计特征是否受功能限制等因素，逐一判断各相同点、不同点对整体视觉效果的影响程度，在此基础上，再通过综合分析得出认定结论。就酒类产品的包装外观设计而言，"整体观察"就是要包装瓶的整体造型、色彩、各组成部分的图案和位置比例位置关系，以及各个面经由具体设计特征形成的视觉效果。"综合判断"就是要从一般消费者的知识水平和认知能力出发,考虑涉案外观专利与被控侵权产品之间的相同点、不同点对整体视觉效果的影响权重,进而得出涉案专利与对比设计是否具有明显区别的结论。

在二审过程中,恒都律师提交了来自国家知识产权局《以案说法——专利复审、无效典型案例指引》一书中的一个无效典型案例(23138 号无效决定)供合议庭参考,该案例体现了国家知识产权局对于"酒瓶的设计空间大小""如何对待外观设计表面的文字""酒瓶的三维立体形状对整体视觉效果的影响权重多大"等问题的观点,与本案相似性很高,对本案非常具有参考意义。该书中指出,"通常情况下,产品的三维立体形状相较于其他局部设计而言,对整体视觉效果更具显著影响"。"对于酒瓶类产品而言,在满足其盛装酒类的基本功能的基础上,酒瓶的整体形状可以有各种不同的设计。涉案专利与对比设计所示酒瓶的整体形状及各部分的比例关系基本相同,足以使一般消费者形成基本相同的整体视觉印象,在此情况下,二者之间的区别属于细微差异,所述区别均不会对产品的整体视觉效果产生显著影响。"该案例的观点在二审判决书中也得到了体现。

在二审程序中,恒都律师还向法庭提供了涉案酒瓶实物,便于法庭对涉案外观设计有更加直观、清晰的认识与理解。

最终,二审判决认定构成近似外观设计,某酒业公司构成侵权,撤销一审判决,维持行政裁决相关内容。

四、(2021)最高法知行终 728 号判决观点

最高人民法院二审判决相应观点总结如下。

1. 外观设计侵权判定,应当以外观设计是否相同或者近似为标准,而非以一般消费者是否会对商品来源产生混淆为标准

一般消费者必然对涉案专利申请日之前相同种类或者相近种类产品的外观设计及其常用设计手法具有常识性的了解,并对外观设计产品之间在形状、图案以及色彩上的区别具有一定的分辨力。基于一般消费者的知识水平和认

知能力，其在对外观设计专利和被诉侵权设计作近似判断时，能够确定《侵犯专利权纠纷解释》第11条规定的"授权外观设计区别于现有设计的设计特征"，并将该类特征作为对外观设计整体视觉效果更有影响的部分予以考虑。因此，确定授权外观设计区别于现有设计的设计特征，并据此判断对外观设计整体视觉效果的影响，是外观设计近似判断的必然要求。在行政裁决程序和诉讼过程中，当事人可以通过对现有设计进行举证或说明以明确涉案外观设计区别于现有设计的设计特征。在当事人举证或者说明不充分的情况下，人民法院也应当基于一般消费者的知识水平和认知能力对此作出认定。

2. 商品的知名度以及外观设计中的文字含义等因素，均不会对外观设计是否相同或者近似产生影响

与商标区分商品来源的作用不同，外观设计保护的是对产品的形状、图案或者其结合以及色彩与形状、图案的结合所作出的富有美感并适于工业应用的新设计。判断被诉侵权设计是否落入外观设计专利权的保护范围，应当以外观设计是否相同或者近似为标准，而非以一般消费者是否会对商品来源产生混淆为标准。商品的知名度以及外观设计中的文字含义等因素，均不会对外观设计是否相同或者近似产生影响，不应作为判断外观设计侵权的判断标准。最高人民法院对一审法院的相关认定予以纠正。

3. 酒瓶只要能够盛装液体、稳定地放置于平面上即可，在整体形状上没有其他限制，有很大的设计空间

酒的包装瓶只要能够盛装液体、稳定地放置于平面上即可，在整体形状上没有其他限制，有很大的设计空间，一般消费者不易区分酒瓶整体形状的细微差别。故虽然涉案外观设计专利的瓶颈处设置为均匀的凹陷状，而被诉侵权设计相应的部分均为平滑过渡，但相对于瓶身的整体形状而言，该区别属于细微差别。

4. 瓶身的整体形状对整体视觉效果的影响最为显著，相应地减少了图案的差别对整体视觉效果的影响

将涉案包装瓶专利与被诉侵权包装瓶设计进行比较，一审判决认定的

两设计之间的相同点和区别点基本正确。对于两设计之间相同点和区别点对整体视觉效果的影响。

涉案外观设计专利采用整体为上窄下宽的圆台形状、在酒瓶口处有明显收缩的包装瓶设计，不同于酒瓶的常见设计，在案亦无其他证据表明该种整体形状的设计属于现有设计，以一般消费者的知识水平和认知能力，可以认定涉案外观设计专利的整体形状为区别于现有设计的设计特征。且对于酒类产品的包装瓶而言，瓶身的整体形状是一般消费者最容易直接观察的部分，故该设计特征对整体视觉效果具有显著影响。被诉侵权包装瓶同样采用了上窄下宽的圆台形状、在酒瓶口处有明显收缩的设计，一般消费者会认为二者在整体形状上无实质差异。

涉案包装瓶专利与被诉侵权包装瓶设计亦存在正面图案的差别，但由于瓶身的整体形状对整体视觉效果的影响最为显著，所以减少了二者正面图案差别对整体视觉效果的影响。

五、复盘与总结

本案前后经历专利侵权纠纷行政裁决处理（认定构成侵权）、行政诉讼一审（判决不构成侵权）、最高人民法院二审终审（判决构成侵权），共历时 2 年 6 个月，最终以最高人民法院支持某股份公司的相关诉求、支持某知识产权局作出的行政裁决处理决定而结案。

本案已收录进“人民法院案例库”，入库编号 2024－13－3－024－021，副标题“外观设计近似判断中对专利区别设计特征的考虑”，关键词包括行政、专利行政裁决、外观设计、区别设计特征，裁判要旨指出：在对外观设计专利和被诉侵权设计作近似判断时，应当确定专利外观设计区别于现有设计的设计特征，并将该类特征作为对外观设计整体视觉效果更有影响的部分予以考虑。当事人可以举证或者说明上述区别设计特征；当事人举证或者说明不充分的，人民法院可以基于一般消费者的知识水平和认知能力对区别设计特征作出认定。

本案中提交了一个国家知识产权局无效典型案例供法庭参考，该案例中的观点在二审判决书中也得到了体现。国家知识产权局对外观专利无效的判定与法院/行政机关对外观专利侵权的判定虽然是不同的程序、比对的对象也不同，但是都涉及两个外观是否近似的判断，涉及相同点、不同点权重以及设计空间的考量，因此具有一定的相通性。因此，国家知识产权局对于同类产品的外观专利无效认定观点对法院的侵权判定也具有参考作用。在侵权程序中，如果能够提供高度相关的、有针对性的典型无效/复审案例，有助于相应观点得到法院支持。

在知识产权维权过程中，行政机关、司法机关对相关法律法规的理解、适用可能不一致或存在分歧。本案中，在行政一审作出不利判决的情况下，恒都律师迎难而上，客观、全面地对涉案专利进行分析，充分考虑对方可能在二审阶段提出的抗辩理由，并提供了高度相关的有力案例供法庭参考，提出的观点和理由最终得到了最高人民法院的支持，获得了不仅是对本案意义重大，也是对类案具有重要参考价值的关键判决。